讲话

可以套公式

易胜◎编著

哈尔滨出版社
HARBIN PUBLISHING HOUSE

图书在版编目（CIP）数据

讲话可以套公式 / 易胜编著 . -- 哈尔滨 : 哈尔滨
出版社 , 2025. 8. -- ISBN 978-7-5484-8341-0

Ⅰ. H019-49

中国国家版本馆 CIP 数据核字第 2024R33H29 号

书　　名：**讲话可以套公式**
JIANGHUA KEYI TAO GONGSHI

作　　者：易　胜　编著
责任编辑：李维娜
封面设计：仙　境
内文排版：张艳中

出版发行：哈尔滨出版社（Harbin Publishing House）
社　　址：哈尔滨市香坊区泰山路 82-9 号　　邮编：150090
经　　销：全国新华书店
印　　刷：三河市龙大印装有限公司
网　　址：www.hrbcbs.com
E-mail：hrbcbs@yeah.net
编辑版权热线：（0451）87900271　87900272
销售热线：（0451）87900202　87900203

开　　本：710mm×1000mm　1/16　　印张：12　　字数：143 千字
版　　次：2025 年 8 月第 1 版
印　　次：2025 年 8 月第 1 次印刷
书　　号：ISBN 978-7-5484-8341-0
定　　价：39.80 元

凡购本社图书发现印装错误，请与本社印制部联系调换。
服务热线：（0451）87900279

前　言

人际关系学家戴尔·卡耐基说："一个人的成功，15% 靠技术知识，85% 靠口才艺术。"哲学家苏格拉底也说："世间有一种能力可以使人很快完成伟业，并获得世人的认识，那就是令人喜悦的讲话能力。"

会说话的人为人处世总是如鱼得水、左右逢源，他们用灵活多变的语言维系着亲情、建立着友情、追求着爱情，他们的生活也因能说会道而变得丰富多彩。在事业上，他们用完美的口才来强化和维护各种关系，扩大工作领域，提升工作能力和办事效率，使工作变得轻松愉快，并有广阔的发展空间；在个人成长中，他们以完美的口才获取知识、增加个人魅力，不断壮大自己，不断追寻或提升人生目标，塑造个体的理想形象。

会说话的人有了口才的加持，一切顺风顺水。而不会讲话的人，在生活中常常因为不善沟通而和周围的人产生隔阂，矛盾重重；在工作中也因为不善讲话导致无法在团队中脱颖而出，无法向上级展示自己的价值，更加无法获得晋升、加薪或发展机会。

我们应该怎么做才能从一个笨嘴拙舌的交流新手，逆袭成为能说会道的口才达人呢？哈佛大学语言学家罗曼·杰克布森认为，口才是人与生俱来的天赋，但良好的谈吐和沟通能力需要依靠后天的练习。《讲话可以套公式》这本书就为大家提供了一个很好的练习契机。本书为大家介绍了多个讲话公式，这些公式涵盖社交、情感、销售、职场、谈判等多个领域，对于不善言谈的人而言具有很强的借鉴意义。

熟练掌握讲话公式，上台发言时会侃侃而谈；

熟练掌握讲话公式，经营感情时会得心应手；

熟练掌握讲话公式，职场交流时会如鱼得水；

熟练掌握讲话公式，谈判场上会游刃有余；

熟练掌握讲话公式，社交场上会应付自如；

……

《讲话可以套公式》是一本生活和工作必备的口才指南。这本书通俗易懂、言简意赅，让你通过套用极简的讲话公式得到全方位的语言训练。书中讲述了一些贴近生活的事例，这些故事深入浅出地点透成功社交的小窍门，教你在不同场合下，与不同的人如何打交道、交朋友。

书中精心设置了"讲话公式""错误说法""话术示范"三个归纳版块，目的是提供正确的话术参考，帮助大家避开语言的陷阱。书中总结出来的讲话公式简洁明了，一看就懂。在各个场合、各个情境下遇到难以开口的问题，都可以从这个"讲话公式库"中提取出对应的公式来使用。拥有这些公式，就能逻辑清晰、条理分明地把需要表达的内容一一说清楚。

"现代管理学之父"彼得·德鲁克说："一个人必须知道该说什么，一个人必须知道什么时候说，一个人必须知道对谁说，一个人必须知道怎么说。"希望大家喜欢这本书，读过之后，相信大家能掌握高效沟通的技巧，轻松成为一个会说话、会聊天的社交达人。

目　录

第一章

社交说话万能公式

社交场合如何做好自我介绍　　　　　002

不方便直言时，隐晦点破对方　　　　005

求人办事，会说话才不失面子　　　　007

怎样夸奖他人，显得不虚伪不做作　　010

这样道歉，更容易获得谅解　　　　　013

遭遇尴尬时，如何给人"搭台阶"　　　017

第二章

日常交流万能公式

寒暄时，如何避免无话可聊的尴尬　　022

怎么聊天，才能让双方的感情迅速升温　025

怎么邀约，才能成功获得甜蜜的约会　028

怎么说，才能让爱情长久保鲜　　　　031

夫妻间无话可说，怎么办　　　　　　035

夫妻吵架，怎么说才能和好如初　　　038

第三章
共情说服万能公式

彼此不信任时，打消对方的戒备心理　042

对方固执己见时，如何旁敲侧击说服他　046

阻力巨大时，如何以退为进　049

情况复杂时，如何说到对方心坎里　052

要求他人时，如何降低其逆反心理　055

阐述观点时，如何以情动人　058

提要求时，如何一步步说服对方　061

第四章
职场沟通万能公式

面试时，如何在竞聘中脱颖而出　066

冒犯领导后，怎么说才能补救　070

如何及时有效地向领导汇报工作　073

如何高情商向上司"进谏"　076

工作遇到"甩锅侠"，怎么回应　079

拒绝同事要求时，如何不伤害关系　083

第五章
即兴发言万能公式

酒局饭局上轮到你敬酒　088

朋友聚会被邀请发言　091

酒宴上送别他人 094

家庭聚会站起来讲话 097

同学聚会被邀请发言 100

● 第六章
上台发言万能公式

公司年会总结发言 104

被领导表扬上台发言 107

孩子生日宴父母上台发言 110

毕业典礼上台发言 113

婚礼父母上台发言 116

婚礼上伴郎伴娘上台发言 119

长辈寿诞子女上台发言 122

丧宴亲人上台发言 125

● 第七章
亲子对话万能公式

怎么批评，孩子才不会有逆反心理 130

如何劝说，才能让孩子告别拖延 133

不吼不骂，如何让孩子对学习专注 136

怎么引导，孩子才能独立自强 139

怎么教育，才能让孩子戒掉"玻璃心" 142

怎么作答，才能保护好孩子的好奇心 145

第八章
销售聊天万能公式

预约客户时，怎么说才能提升成功率　　　150

选择众多时，如何吸引客户的注意力　　　154

主动推销时，如何发现和挖掘客户的需求　　157

见面攀谈时，如何高效介绍产品　　　160

和客户应酬时，如何得体拒酒　　　163

第九章
商务谈判万能公式

谈判中如何夺取主动权　　　168

谈判时，怎么回应才能滴水不漏　　　172

谈判陷入僵局，如何化解　　　175

怎么样谈判才能获得双赢　　　178

谈判失败，如何补救　　　181

第一章

社交说话万能公式

社交场合如何做好自我介绍

🎙 讲话公式

姓名职业 + 期望收获 + 价值标签

🎙 错误说法

"本人性别男，爱好广泛，喜欢的颜色是黄色。"

"我叫 ××，今年……呃……大概二十几岁……"

🎙 话术示范

"很荣幸有机会向各位进行自我介绍。我叫 ××，今年 ×× 岁，我学的是 ×× 专业，这次来是希望……，相信在我的努力下能帮助大家……"

"大家好，我是 ××，来自 ××，性格……，平时喜欢……。很开心能在这里遇到大家，希望未来几年多多关照，谢谢大家！"

"大家好，我是 ××，来自 ××，很高兴在这个季节认识大家，天气这么热，相信我们很快就熟了。"

在社交场合与人打交道的时候，免不了自我介绍。自我介绍是最直接也最容易被别人记住的方式，是向别人展示自己的一个重要手段。自我介绍是否出彩，直接关系到你给别人的第一印象的好坏及以后交往的顺利与否。

既然自我介绍如此重要，那么我们应该怎么好好介绍自己呢？下面给大家推荐一个通用的公式："姓名职业＋期望收获＋价值标签"。

首先，告诉大家"我是谁"。比如："大家好，我叫××，毕业于××，曾经在……任职过，目前是……。"接着聊"我想要"的问题："今天来是想要……，我希望……。"最后讲"我能给大家带来什么"："相信我的加入能给公司带来以下几个方面的帮助……"

通常来说，在自我介绍中，你是谁，你想要什么，并没有那么重要，重要的是你能给别人带来什么价值，只有别人认可了你的价值，你的名字才变得有意义。

当然，关于自我介绍的内容并不是固定不变的，大家可根据实际的需要、所处的场合即兴发挥，并且要有鲜明的针对性。

在一次非正式聚会中，两位初出茅庐的大学毕业生都想结交举办此次聚会的主人张先生。张先生是一个商业奇才，不到十年时间就已经把自己的业务拓展到欧洲。

男生 A 这样介绍自己："您好，我叫某某，今年刚毕业，正在找工作。"张先生听了这话，愣了一下，说："是吗？那加油啊，祝你早日找到满意的工作。"

显然，这是一次失败的自我介绍。因为张先生和 A 完全不熟，对他的性格和特长一无所知，A 传达给张先生一个"他正在找工作"的信息，属于无效信号。自我介绍尽管只是简短的一两句话，但吸引别人的也许正是开篇的某个亮点。

就这点而言，女生 B 做得比较好。她介绍自己的方式是拉近距离、形成对比："您好，听说您是商业奇才。"张先生赶紧说："哪里算奇才，只是别人抬举罢了。"B 笑吟吟地说："我对做生意也很有兴趣，不过我更喜欢电子商务，我是商学院刚毕业的学生。"

张先生对电子商务很有兴趣，这样他们就以电子商务为话题聊了起来。

在社交活动中，如果你希望新结识的对象记住自己，并做进一步沟通与交往，自我介绍时除姓名、单位、职务外，还可提及与对方某些熟人的关系或与对方相同的兴趣爱好，如："我叫谭兆英，是高乐音像出版社的财务主管，我与您夫人是同学。""我是李海星，是新兴文化公司经理，我和您一样也是球迷。"

若在讲座、报告、庆典、仪式等正规隆重的场合向出席人员介绍自己时，还应加一些适当的谦辞和敬语，如："各位来宾，大家好，我叫王伟晨，是华东大学的教师，今天向大家谈谈自己在工作研究上的一些心得，有不当的地方请给予指正。"

进行自我介绍时，言辞要简洁，逻辑要清晰，态度要自然，语速要不快不慢，目光要正视对方。在社交场合或工作联系时，自我介绍应选择适当的时间，当对方无兴趣、无要求、心情不好，或正在休息、用餐、忙于处理事务时，切忌去打扰，以免尴尬。

在某些公共场所和一般性社交场合，自己并无与对方深入交往的愿望，做自我介绍只是向对方表明自己的身份，这样的情况下只需介绍自己的姓名，如"您好，我叫许明君""我是江佑林"。有时，也可对自己姓名的写法作些解释，如"我叫陈宇华，耳东陈，宇宙的宇，中华的华"，以加深别人对自己的印象。如果因工作需要与人交往，自我介绍则应包括姓名、单位和职务，无职务可介绍从事的具体工作，如"我叫陈昌礼，是大华公司的销售经理""我叫蔡建新，在中海公司从事财务工作"。

在某些情况下，我们要向对方介绍自己，对方不一定给我们机会。这时我们也可采取迂回的技巧，让对方在不知不觉中认识我们、接纳我们。例如，"我认识一个人（我们自己），他能帮助你……""我知道有个人的想法与你一样……"，等等。

不方便直言时，隐晦点破对方

🎙 讲话公式

语气委婉 + 明褒实贬

🎙 错误示范

"你这样做不行。"

"你太武断了，这样做会……"

🎙 话术示范

"经理，您的这个管理方案看起来很不错，按照这个策略执行下去，员工也许会有一些抵触情绪，甚至会消极怠工，影响工作效率，不过那又怎么样呢！咱们不能因为员工的一些负面情绪就轻易调整公司定好的方针策略。"

在人际交往中，有时劝勉之言不方便出口，如果直抒胸臆，很有可能会恶化双方的关系，从而增加说服的难度。

这个时候，我们不妨从相反的角度思考，软化语意，或者隐遁词锋，用正话反说的方式巧妙点拨当事人，这样反而能起到出其不意的效果。

正德年间，秦藩请求明武宗加封陕边地。此地在战略上十分重要，与社稷的关系更是紧密相连，但是皇帝受人撺掇，答应了秦藩的要求，还叫大学士们起草一个加封的诏书。梁文康承命起草这份诏书，于是，他采用正话反说的方法，巧妙地表达了劝阻皇帝改变封地的意见。

他写道："过去皇太祖曾诏令说，'这块土地不能封给藩王，不是吝啬，而是考虑到它的地广物丰，藩王得到后一定会多养士兵马匹，也一定会因富庶而变得骄纵。如果此时有奸人挑拨引诱，就会行为不轨，有害于国家'。现在藩王既然恳请得到这块土地，那么就加封给你吧！但得到此地之后，不要在此聚拢奸人，不要在此多养兵马，不要听信坏人挑唆，图谋不轨，扰乱边境，危害国家。否则，到时想保全自己和妻儿都不可能了。请藩王在此事上慎之又慎，不要疏忽。"

明武宗看到诏书后清醒过来，当即决定不把此地封给藩王。梁文康在这里运用了巧妙的说服战略，从而阻止了土地的滥封。

这个故事说明，在说服他人的过程中，与其喋喋不休地进行劝说，不如用语言巧妙地点拨。前者令人生厌，效果甚微；后者通俗简洁，收效却很显著。

正话反说是说服他人时常用的一种方法。这种方法可以让听者在松弛的氛围中接收信息，能够更真切地感受到后果的严重性，因此更容易接受建议。另外，在使用这种方法的时候，我们的语气要委婉一点，或者幽默一点，这样听者就算悟出其中的意思也不会反感。

有一次，一位著名主持人和朋友去咖啡店喝咖啡。咖啡端上来时，老板认出了他，于是，老板请这位主持人给他的咖啡店提个建议。主持人看到咖啡杯里差不多只有半杯的量，于是微笑着说："我有一个办法，可以让你立刻多卖出两杯咖啡。"老板赶忙追问具体的办法，主持人说道："你只要把杯子倒满即可。"

在这段对话里，主持人用幽默的方式表达了"咖啡量小"的意见，并且也没有让老板感到难堪，这种含蓄风趣的说服方式值得大家借鉴。

求人办事，会说话才不失面子

🎙️ 讲话公式

请教 + 承诺 + 减压

🎙️ 错误说法

"咱们是朋友，互相帮忙也是应该的，你就帮我把这件事办了吧。"

"喂，快点帮我把那个裙子熨烫一下，我下午还着急穿。"

🎙️ 话术示范

"真的不该来打扰您，我也是没有办法，第一个想到您。只需要您在中间简单牵个线，其他的事情我自己来。过程中需要什么，您尽管说。"

"承蒙您仗义相助，我真的感激不尽，这是我的一点心意，您别嫌弃。"

生活中我们经常遇到这样的情形：同样一件事，同样身份的人，甲请人办理就顺顺利利，很快就把事情办好；乙请人办理则困难重重，事情弄得一塌糊涂。

为什么会这样呢？有人说这是人的因素；有人说这是办事技巧问题。其实这两种因素都有，请人办事是社交中非常重要的一环，它包含了许多做人做事的艺术，其中有很多讲究。

首先，求助者可以通过谦虚请教的方式试探一下对方的口风："我看问题的思路比较局限，您见多识广，有大局观，麻烦您帮我看看这样做行不行，要是不行，我趁早死了这份心。"

这句话看似请教，实则是从对方口中探知这件事情的可行度。如果对方给出肯定的答案，那我们就进行接下来的一步：互惠承诺。古语云："天下熙熙，皆为利来；天下攘攘，皆为利往。"这个世上没有人无条件地对你好，也没有人有义务帮你，所以当你需要从他人身上讨得好处时，自己也要主动为他人带来利益。双方只有互惠互利，求人办事才能成功。

举个例子："我知道咱们俩关系好，但是人情过场也很麻烦，咱该怎么办就怎么办，这事咱不能差，辛苦您操心啦。""您帮我办事，我已经感激不尽了，哪能让您破费，这个您拿着，如果不够，我还有！"

给出互惠承诺后，求助人不要觉得，自己给出好处就可以随便命令和催促别人，而是应该说一些客气话给对方减压。比如："我知道您也不容易，这事您方便就办，不方便就算了，千万不要为难，能认识您也是我的福气。"

这种体贴宽容的态度，更容易促使对方答应你的请求。另外，当我们采用这个讲话公式求人办事时，要注意以下几点：

第一，要注意礼貌。

请求别人办事，无论大事还是小事，都要注重一个"请"字，不要认为是理所当然的事。如果对人开口称"喂"，闭口称"喂"，那非碰壁不可。另外，对别人的帮助表示感谢应该态度真诚。如你请朋友帮忙找到了一本早想要的书，你可以这样说："谢谢了，没有你的帮助，我恐怕不能这么快看到它。"

第二，要注意方式。

如果不是紧急的事，最好是在别人愉快或空闲时提出；当别人情绪不佳或事务繁忙的时候，最好不要打扰别人，因为此时的请求效果会适得其反。另外，在请求方式上，说话要婉转，给对方留有余地，不要催促过紧，以免使对方左右为难。

第三，要注意场合。

请求别人解决问题，要根据问题的性质，该上门拜访的不要到对方单位询问；该个别交谈的不要影响家人；该借助书信请教的不要电话联系。要体谅对方的难处，不能有意无意地给对方施加心理压力，以免使对方尴尬，影响帮你办事的积极性。

第四，要注意原则。

当你请求别人解决问题时，对你本人来说可能是常规业务，但对别人来说，由于工作性质和部门不同，很可能有"开后门"之嫌。在这种情况下，要全面考虑，掌握求人办事的原则，以免给别人增加负担，影响别人正常的工作，造成不良的后果。

第五，要注意真诚。

请求别人办事，要真实地向对方讲清楚办事的目的，不能有意把事情的难度缩小，更不能掩盖事情的真面目，使对方只知其一不知其二。这是对朋友不信任和自己不诚实的表现。

怎样夸奖他人，显得不虚伪不做作

🎙 讲话公式

夸奖 + 积极影响

🎙 错误说法

"你看起来就像一个十八岁的小姑娘。"（称赞年老妇人）

"你真的好棒！"

"您的领导能力无人能及，我真是佩服至极。"

🎙 话术示范

"你今天在会议上提出的建议很好，我按照你说的方案操作了一下，客户很满意。"

"你的那篇稿子我拜读过，文笔流畅，观点突出。好好努力，会很有发展的。"

马克·吐温说："我能为一句赞美之辞而不吃东西。"每个人都喜欢被赞美，无论是儿童还是老人，都有一种被人肯定、欣赏的强烈愿望。赞美能给生活带来温暖和愉快，能使世间的嘈杂化为优美的交响乐章。

那么，在社交场合，如何夸人才不显得做作虚伪？如何夸人才能夸到对方心坎里？

具体来说，先夸奖对方的某个点，然后再说出对自己的正面影响。举个例子："你的红烧肉做得真好，我按照你写的方法做了一遍，我们家大人小孩都夸我厨艺提高了。"这种夸奖看似简单，却让对方很有成就感，能迅速拉近你与对方的心理距离。

另外，当我们用这个万能夸奖公式称赞他人的时候，一定要注意以下几个说话要点，否则你的夸奖很难达到理想的效果。

第一，实事求是，措辞恰当。

当你准备赞美对方时，首先要衡量一下，这种赞美，对方听了是否会相信，第三者听了是否会认同？一旦出现异议，你有没有足够的理由证明自己的赞美是有理有据的。

一位老师赞美学生："你们都是好孩子，活泼、可爱、学习认真，做你们的老师，我很高兴。"这话很有分寸，使学生们既努力学习，又不会骄傲。但如果这位老师说："你们都很聪明，将来会大有出息，比其他班的同学强多了。"效果就大打折扣了。

第二，赞美要具体、深入、细致。

抽象的东西往往不具体，难以给人留下深刻的印象。如果称赞一个初次见面的人"你给我们的感觉真好"，那么这句话一点作用都没有，不能给人留下任何印象。但是，倘若你这样称赞一个好推销员："小王办事的原则和态度非常难得，无论给他多少货，只要他肯接，就绝对不用你费心。"那么你就会得到对方的衷心感激。由于你挖掘了对方不太明显的优点给予赞扬，增加了对方的价值感，因此这样的赞美起的作用会很大。

第三，借用第三者的口吻赞美他人。

面对面或直接地赞美对方，总有点恭维奉承之嫌。但若换个角度，换种说法，也许就好多了。比如，以第三者的口吻来赞美对方，说："难怪某某一直说你很不错，今日一见……"代入自己想一下就知道，对方听了这话会有多高兴。因此要记住，当面赞扬一个人，有时会令人感到虚假，怀疑你是否出于真心，而借第三者的口吻间接地赞美对方，会使对方感受到你的真诚。

第四，赞美对方最看重的东西。

每个人都有自己的追求目标、兴趣爱好，根据这些来适时地加以赞美，会令对方心生好感。比如，男人最看重的是事业、能力、财富与地位，女性最看重的是美丽的容貌、华美的服饰、高贵的气质，等等。因此，男性的一辆座驾，女性的一件衣饰，都可以成为赞美的话题。

第五，赞美对方不为人知的优点。

就算再差劲的人，也会有一两处值得赞美的优点。例如一个人或许没有特长，但玩台球的技术很高超，或者酒量非常好，这些都可以加以利用。

虽然有的人根本就不在意自己的这些小优点，但无论如何，别人赞美他，一定会使他感到高兴的。

事实上，锦上添花式的赞美，引不起对方太大的喜悦。例如，对一位已被公认是大美女的女孩子说"你真漂亮"，由于她平时已被夸赞惯了，所以很难让她觉得兴奋。相反，若能找出对方不为人所知的优点，则往往可以使对方感到意外的喜悦。

第六，赞美的话要再三思虑。

赞美别人时，要用长远的眼光去审视你所要赞美的人和事。在日常生活中，话音未落式的尴尬状况并不少见，你刚夸他做事小心谨慎，他却冷不防捅个大娄子给你看。事情还没有完成之前，一定不要轻言赞辞，因为说不定就在最后关头宣告失败。有些人见到成功在望，便大加赞叹，甚至夸下海口："这回赢定了！"结果却失败了，岂不让人笑掉大牙。

因此在赞美别人的时候一定要做到"三思而后赞"。对于一些相对稳定的东西，如一个人的性格、习惯、容貌等，称赞起来较容易，而一个人的行为、态度等，往往不易琢磨，因此称赞时一定要谨慎。

这样道歉，更容易获得谅解

🎤 讲话公式

坏消息 + 好消息 + 表态

🎤 错误说法

"我都说对不起了，你还要我怎么样？"

"这都是 ×× 的问题，是他害得我误会你了。"

"我确实不应该那样做，可你为什么不劝劝我呢？"

"这没什么大不了的，情况会好起来的。"

🎤 话术示范

"万分抱歉，给您造成的一切损失，我们都会照价赔偿。"

"我确实错了，你打我骂我，我都能理解。"

"对不起，我确实把那件事情忘得一干二净了，为了弥补我的过错，我决定……，我保证以后不会犯类似的错误。"

人人都会犯错，尤其是当你工作过多、精神不佳、压力太大时，"一不小心就犯错"是常见的事情。如果我们能在犯错之后正确地面对，犯错便不算什么大事情，甚至还会提升你的形象，对你日后的社交起到很大的作用。

那么，在社交过程中，我们怎样道歉，对方才能更容易接受呢？通常来说，道歉可以用这个万能公式：坏消息＋好消息＋表态。

举个例子："亲爱的，实在不好意思，我一不小心把你心爱的玻璃杯打碎了。为了弥补你的损失，我决定全网搜索，买个一模一样的杯子还给你。我知道这个杯子对你意义重大，真是对不起了，我保证，以后再也不会冒冒失失了。"

前面"打碎杯子"是坏消息，中间"买杯子"是好消息，最后做出保证是诚恳的表态。整个认错过程态度诚恳，反省到位，很容易获得当事人的谅解。

当然了，我们在给别人道歉的时候，还需要做好以下几个心理准备，说话的时候要注意分寸，否则很容易激化矛盾。

第一，表示有所醒悟，希望得到谅解。

三国时，公孙渊在辽东割据，害怕曹操征讨，就给孙权写信要归顺东吴。孙权决定派军队去支援公孙渊，并封他为燕王。大臣张昭认为公孙渊不可靠，于是极力反对孙权这样做，两人因此发生了激烈的争执，孙权最后还是没有采纳他的意见。张昭一气之下，不去上朝，孙权也生了气，派人把张昭家的门给堵上了。张昭更不示弱，让家人在门里又堵上了一层。后来，公孙渊杀了孙权派去辽东的使者，孙权这才认识到张昭的意见是对的，于是三番五次到张昭家去认错，但张昭就是不见他。

一次，孙权又来到张昭家门口，高声喊张昭的名字，张昭仍卧床不起。孙权派人烧他的大门，本意是想逼张昭出来，但张昭却让人把窗户都关上了。孙权一看，连忙让人把火扑灭，而自己则一直在张昭的家门前站着。

后来，经过儿子的劝说，张昭终于打开了家门。孙权非常高兴，赶紧把他请到自己的车上，在回皇宫的一路上，孙权都在自责，并请张昭原谅。从此，君臣和好如初。

第二，表示捐弃前嫌，希望得到帮助。

1754年，华盛顿还是一位上校，率领部下驻守在亚历山大市。有一次，选举弗吉尼亚州议会议员时，一个叫威廉·佩恩的人反对华盛顿所支持的候选人。

据说，华盛顿与佩恩在关于选举的某个问题上发生了激烈的争论，他说了一些冒犯佩恩的话。佩恩把他一拳打倒在地。华盛顿的部下马上赶了过来，准备替他们的长官报仇，华盛顿却当场予以阻止，并命令他们返回营地。

第二天一早，华盛顿给佩恩送去一张便条，要求他尽快到一家小酒店去。佩恩如约而至，他是准备来进行一场决斗的。但令他感到惊奇的是，他看到的不是手枪，而是酒杯。

"佩恩先生，"华盛顿说，"犯错误乃人之常情，纠正错误是件光荣的事。我相信，昨天我是不对的，你已经在某种程度上得到了满足。如果你认为可以到此为止的话，请握我的手——让我们交朋友吧。"

从此以后，佩恩成了一个热烈拥护华盛顿的人。

第三，表示承担责任，希望得到理解。

20世纪50年代，民主德国总理来中国访问，拟签中德友好合作条约。按照国际惯例，对外公布要在双方约定的时间同时进行。然而由于记者的疏忽，在条约未签订时，就提前发布了消息。周恩来总理看到报纸，立即打电话向已到外地访问的民主德国总理表示歉意。

当天下午，他把有关领导和记者请到办公室开会。在了解事情发生的经过后，他说："我只在国务会议上提醒记者暂不发表，却没有在人大常委会上向记者交代，结果出了问题，这是我的疏忽。"然后，总理向有关人员指出错误的性质、影响，及各自应负的责任和教训。周总理这种主动承担责任并积极道歉的行为，让民主德国总理很受感动，并表示了谅解。

真正的道歉并不只是认错，承认自己的言行破坏了彼此间的关系，而是要勇敢地为自己的过错承担责任。通过道歉表示你对这个错误十分重视，并希望重归于好，这样不仅可以弥补已经破裂的关系，而且还可以增进双方的感情。

遭遇尴尬时，如何给人"搭台阶"

🎙 **讲话公式**

调气氛＋换话题＋化窘境

🎙 **错误说法**

"你怎么能这么说呢！这下好了，都把大家弄得无语了！"

"不必紧张，说错也没关系，大家都不会怪你的。"

🎙 **话术示范**

"大家不要笑。唐老师十年前就叫我何灵。他当然知道我叫何灵。这是我们之间的昵称。"

（朋友在楼梯间放了个屁）"今天的天气真好啊，我都快热死了，你呢？穿这么多热不热？"

在社交场合中难免会遇到一些尴尬的事情，让气氛骤然紧张和难堪，学会给对方一个台阶下，不仅能缓和对方的紧张心理，而且还会进一步增加彼此的关系。要达到这样的目的，我们不妨使用这个讲话公式：非重点关键词＋新事件＋感受。

举个例子：一位朋友的丈夫问你，昨天是不是和他的妻子一起逛街去了？如果你不想撒谎，又不想让朋友陷入尴尬，那就可以转移话题："对了，说到逛街，我突然想起那天走在街上，我的手机被小偷顺走了，真是气死我了。"朋友的丈夫这时也会被你的话题带偏，跟着说手机被偷的事情。

在这个案例中，非重点关键词是"逛街"，新事件是"手机被偷"，感受是"气死我了"。在此过程中，你完全忽略了对方抛出来的关键词"一起逛街"，而是提取了一个非重点关键词"逛街"，再结合新的事件和感受，就达到完全转移对方注意力的目的。

我们在使用话术技巧缓解尴尬的时候，还可以从以下三个角度出发：

第一，调整谈话气氛。

在一个严肃的场合，在场者常常会被一两件突发事件搞得哄堂大笑，这严重破坏了该场合的严肃气氛，不利于活动的继续推进。面对这类突发事件，我们应当表现出较强的自制能力，尽量不受其影响，拿出严肃态度来应对此事，使之成为正常环节中的普通一环。

第二次世界大战期间，一位德高望重的英国将军举办一次祝捷酒会。除上层人士之外，将军还特意邀请了一批作战勇敢的士兵，酒会热烈又隆重。没料想一位士兵不懂席上的规矩，捧起面前一碗供洗手用的水喝了，顿时引来达官贵人们的一片讥笑声。

那位士兵面红耳赤，无地自容。此时，将军慢慢地站起来，端着自己面前的那碗洗手水，面向全场贵宾，充满激情地说道："我提议，为我们这些英勇杀敌、拼死为国的士兵们干了这一碗。"言罢，一饮而尽，全场为之肃然，气氛一下扭转了过来。少顷，人人均仰脖而干。此时，士兵们已是泪流满面。

第二，变换话题角度。

在许多情况下，面对尴尬言行下不来台，是因为思维框定在正常的状态之中，这对事态的发展毫无作用。如果我们换个角度对其尴尬言行作出巧妙、新颖的解释，便可使原本的尴尬言行具有符合常理的内涵和价值。

有一次，全校的语文老师都来听王老师讲课，校长也莅临指导，这可使小王犯了难。他既怕课讲得不好，又担心有的学生回答问题时表现不佳，有失面子。

在课上，他重点讲解了词的感情色彩问题，然后是和同学互动的环节。在提问两位同学取得良好效果后，他接着提问校长的儿子："请你说出一个形容某人美丽的词或句子。"

或许是课堂气氛紧张，或许是严父在场，也可能兼而有之，校长的儿子一时为难，只是一声不吭地站在那里。空气凝固了，王老师和校长都很尴尬！

很快，这位老师便恢复正常，他随机应变地讲道："好，请你坐下，同学们，这是最完美的答案，他的意思是，这个人的美丽是无法用文字和语言来形容的。"

听课者都发出了会心的微笑。

第三，化解对方窘境。

突然间发现别人的失误或错误行为，但当这些失误或错误行为不会出现重大损失时，我们应尽量克制自己的情绪，以平静如常的表情和态度，找到一个善意的动机，改变对方的处境，让事态朝自己所希望的方向发展，以免把对方逼到窘迫的境地。

一天中午，汪老师路过学校后操场时，发现前两天帮他搬运实验器材的几位同学正拿着一枚实验室特有的凸透镜在阳光下做聚焦实验。他想：他们哪里来的凸透镜？难道是在搬运时趁人不备拿了一枚？实验室正好丢了一枚。是上去问个究竟，还是视而不见绕道而去？这时，同学们发现了他，都慌忙站了起来，手拿凸透镜的同学显得很不自在。

从同学们慌张的神情中，汪老师可以进一步判断这凸透镜的来历。但当时的空气就像凝固了似的，一分一秒也不容拖延。汪老师快速思考，终于想出一个处理办法。他笑着说："哟，这枚凸透镜原来被你们找到了。"凝固的空气开始流通起来。

接着他用略带感激的语调补充道："昨天我到实验室准备实验器材，发现少了一枚凸透镜，以为是搬运过程中丢失了，沿途找了好几遍都未能找到，谢谢你们帮我找到了它。这样吧，你们继续实验，下午还给我也不迟。"同学们轻松地点了点头，空气依旧是那么温暖，那么清新。

第二章

日常交流万能公式

寒暄时，如何避免无话可聊的尴尬

🎙 讲话公式

找话题 + 转话题 + 抛话题

🎙 错误示范

"你在哪里上班？你是做什么的？你是外地人吗？"

"下雨天，怎么穿了件白衣服出门？"

"我内向，不会说话，你请自便！"

🎙 话术示范

"这套衣服穿你身上，漂亮极了。"

"你们说，今年的房价会不会接着往下降？"

"最近上演了一部很好看的电影，名字叫《热辣滚烫》，不知道你看了没有？"

一位人际关系学家说过："交谈中要学会没话找话的本领。"所谓"找话"，就是"找话题"，找交谈的切入点。就像写文章一样，有了一个好题目，往往会文思泉涌，一挥而就。同样，在双方寒暄交谈时，如果有了一个好的话题就能使谈话融洽自如。好话题是初步交谈的媒介，深入细谈的基础，纵情畅谈的开端。

不过，找到好话题也并不意味着这场谈话就没有陷入僵局的可能。下面给大家推荐一个非常好用的讲话公式：找话题＋转话题＋抛话题，以帮助大家避免陷入无话可说的尴尬。

首先是找话题的问题。一般好话题的标准是：双方都比较熟悉，能谈；大家感兴趣，爱谈；有展开探讨的余地，好谈。

那么，怎样才能找到这个话题呢？我们可以从以下几个方面着手：

第一，找对方感兴趣的事。

当我们跟别人在一起谈话时，要选择其感兴趣的事件为话题，这样才能激发其交谈的欲望。通常来说，感兴趣的话题是大家想谈、爱谈、又能谈的。针对这些话题，人人都有话，都能发表自己的观点和看法，自然能使话题进行下去，而且在一起议论的过程中，大家还能产生很多共鸣。

第二，就地取材。

巧妙地借用彼时、彼地、彼人的某些材料为题，借此引发交谈。有人善于借助对方的姓名、籍贯、年龄、服饰、居室等，即兴引出话题，常常能取得好的效果。即兴引入法的优点是就地取材，灵活自然。这就要求我们思维敏捷，能迅速作出由此及彼的联想。

第三，试探询问。

与陌生人交谈，先提一些"投石"式的问题，在对对方的年龄、职业、性格、兴趣等略有了解后，再进行有目的的、深入的交谈，交谈便能更为顺畅自如。就好像"投石问路"一样，如，在聚会时见到陌生的邻座，便可先"投石"询问："你和主人是同事还是同学？"无论对方回答"同事"还是"同学"，都可就此展开话题；即使没有得到想要的回答，对方说是"老乡"，那也找到了可继续谈下去的话题。

当然，如果你对这个话题不感兴趣，或者很不擅长，不知道怎么接话，那也没有关系，我们可以接下一个步骤：适时转换话题。

即在刚才的话题的基础上做一个小小的转变，将"球"传给对方，这样话语权就交到了对方手里，让他继续回应你刚才提到的新话题。一来二去，双方就建立起了流畅的沟通机制，大家不用再尴尬得原地扣脚趾。

举个例子，当你看到一个人的时候，你可以随便向他抛出一个问题。比如："你今天中午吃什么饭？"对方回答："西红柿鸡蛋面。"这时你就能找到双方可聊的话题点，就可以顺着这个话题一直聊下去，比如，你们可以聊西红柿鸡蛋面的烹饪方法、口感、价格等，只要真心对这个话题感兴趣，那就有聊不完的话。

当然，如果对西红柿鸡蛋面没兴趣，你也可以将话题转向不同的食物。比如，"虽然西红柿鸡蛋面很香，但是如果让我做选择的话，我更喜欢在午餐的时候来一碗酸辣粉，那种麻麻辣辣的感觉真的很过瘾。不知道你喜欢吃酸辣粉吗？"这样又把话语权交给对方，如果对方对你提出的新话题"酸辣粉"感兴趣，他就会接住你的新话题一直聊下去；如果他不喜欢吃酸辣粉，并且对这个话题没有兴趣，那么你可以接着重复上述的三个步骤，一直让聊天保持下去。如此往复这三个步骤，就不会出现"无话可说"的尴尬。

怎么聊天，才能让双方的感情迅速升温

🎤 **讲话公式**

勾起好奇 + 反转

🎤 **错误说法**

（对方兴致勃勃地讲述）"已经很晚了，你明早不是有事吗？你困不困，要不要早点睡？"

"上班时间摸鱼，你们领导不管吗？"

🎤 **话术示范**

"我刚听到一首歌，让我想起了你。"

"你知道我最喜欢什么神吗？""什么神？""你的眼神。"

"礼拜天还要加班，是不是想狠狠吐槽一下？"

很多年轻人都有这样的情感苦恼，明明对对方很有好感，但就是摆脱不了普通朋友的标签，这个时候，我们应该做什么、说什么，才能让双方的感情迅速升温，从朋友转变成情侣呢？

举个例子，你可以问对方："你最近胖了吧！"这句话对体重一向很敏感的女生而言，无疑像重磅炸弹一样，会吸引其注意力，会勾起其好奇心，她会追根究底："你为什么这么说？"这个时候，你来一个大反转："因为你在我心里越来越有份量了。"

　　女生听完这个解释，心情就会跟过山车一样，由原来的疑惑，甚至是愤怒，变成惊喜和害羞。这句话饱含了暧昧的信号，它会猛烈地撞击女孩的心房，从而一步步拉近她和你的心理距离。

　　当然，我们要想让彼此的感情升温，除了用这个讲话公式，还可以采用如下几种办法：

　　第一，和对方聊他感兴趣的话题。

　　一般来说，人们在遇到感兴趣的话题时，会兴致高昂，滔滔不绝，这样的交流会快速拉近彼此的关系。对于男生而言，可以和女生谈护肤、最近热播的电视剧或电影、她喜欢的明星、喜欢的旅游城市等，这些话题都是女孩子比较关注且感兴趣的，只要开个头，她们就能跟你聊很久。对于女生而言，男生喜欢的话题通常跟球类运动、体育明星、功夫类电影、电子产品、汽车、动漫等有关。如果你能投其所好地聊，也许聊着聊着就聊出了感情。

　　第二，表达对对方的关心。

　　比如，男生说自己肩膀酸，你不要敷衍地说："多注意休息。"而是应该跟他聊情绪，帮他找到情绪的出口，"你最近加班太辛苦了，我学了一套按摩手法，正好帮你捏捏肩，舒缓一下吧！""工作时间太长，确实肩膀会酸。先坐下来，我给你讲个笑话，放松一下吧！"这种关心更容易打动对方。

　　第三，给对方制造惊喜。

　　没有人不喜欢惊喜，尤其是女生，对于突如其来的惊喜更是没有抵抗力。比如，女生跟你说："好无聊，周末不知道干什么打发时间。"结果，下一秒，你就出现在她的身后，并且手里拿着两张她喜爱的明星的演唱会门票，相信她一定会手舞足蹈，并且对你好感倍增。

　　第四，避开语言的雷区。

　　有些男生在追求女孩的时候，过于大胆，急切，于是会说一些暴露需求感的话，比如，"我好想你，你想我了吗？"而有些男生则表现得过于积极，一下子发大段的话，或者过度夸奖对方。更有甚者，直接批评对方，说一些较重的话，这都会让自己失了分寸感，也会让女生感到不适，从而和你保持距离。

怎么邀约，才能成功获得甜蜜的约会

🎤 **讲话公式**

询问兴趣 + 深入对话 + 假性邀约

🎤 **错误说法**

"我们这儿有一个非常好玩的游乐项目，我已经把门票买好了，周末你过来一趟，我带你体验一下。"

"我觉得动物园挺好的，比你推荐的那个森林公园有意思多了，咱们一起去玩吧。"

🎤 **话术示范**

"你喜欢看电影吗？对什么类型的电影感兴趣？"

"给你推荐一个攀岩的好去处吧。"

当你对一个异性心旌摇荡时，你的内心也许正在酝酿一次甜蜜的约会。而在有些人的观念中，主动约会的一方会有失身价，今后在恋爱过程中会被动。这样的想法很幼稚，事实上，男女双方都可以主动提出约会，尤其是男方，在这方面更应表现出一种主动的姿态。

一般来说，邀请对方约会可采用这个公式：询问兴趣 + 深入对话 + 假性邀约。

举个例子，当对方说"马上国庆了，不知道假期干什么"时，你可以先用封闭式的问题，询问对方的兴趣。比如："你喜欢去旅行吗？"如果对方给出肯定的回答，那你再采用开放式问题深入对话："那你喜欢去哪里玩儿呢？"

当获取到较为准确的信息后，你就可以向对方发出邀约了，不过尽量采用假性邀约的方式，以免在遭到对方的拒绝时陷入尴尬。什么是假性邀约呢？即把时间模糊化。比如，"给你分享一个 ×× 市好玩的去处……"这里的 ×× 市就是女生之前提到的想要游玩的地方。

这时，女生通常会顺势接着你的话说："你说的这个地方，我听说过，它有很多……"在简单讨论完这个游玩之地的可取之处之后，你就可以顺势发出邀约："听说国庆节，这个地方还要开展一个 ×× 活动，到时候可以一起去看。"这样做既释放了需求，又不会暴露出迫切感。

这样的话术不会显得冒昧，同时也能达成邀请的目的，比直接邀请她在某个时间去某个地方玩要稳妥很多。

另外，提醒大家在提出约会邀请时，应注意以下方面：

第一，无论是打电话邀请还是口头邀约，都不能以命令的口吻或生硬的态度，"逼迫"对方同意，而应以温和的、商量的口气，协商行事。

第二，选择时间和地点时，要充分考虑对方的赴约方便，最好是在商量时，让对方提出意见，以女方的方案为主。如果对方提不出具体意见，则可以提出自己的想法，经对方同意后再作决定。

第三，约会的时间和地点一经确定，没有非常特殊的情况，双方都不能失约，不能迟到，更不可事先不通知对方，便单方面改变时间和地点。这样做不光不礼貌，还会使对方久等或失望，从而产生不满情绪和误会。

　　第四，因交通不便、交通工具出了故障，或其他客观原因而迟到的一方，应主动向对方表示歉意，并说明原因，请对方谅解。同时，先到的一方，对于对方因无法解决的困难而失约或迟到，也应予以充分的体谅和安慰。不可表示怒意，更不可使性子，一句话不说便丢下对方扬长而去，这样做的结果只能导致恋爱失败。

　　尽可能预先把困难想得周全一些，并在时间上留有余地，以免因意外情况而无法准点赴约。如果是约会去看电影、戏剧或体育比赛等，则双方都应提前到达，不可延误。一方延误，既会让对方等得焦急不安，又会因进场较晚而影响他人，显得没有礼貌。

怎么说，才能让爱情长久保鲜

🎙 讲话公式

感受 + 类比 + 赞扬

🎙 错误说法

"从前，你对我很好，如今连话都不想多说一句。你变了，你不再爱我了。"

"你说你累，难道我就轻松吗？"

"你看看人家 ×× 的男朋友，哪像你这么懒！"

🎙 话术示范

"每天早上看见你和阳光都在，就是我想要的未来。亲爱的，祝你情人节快乐！"

"幸福其实真的很简单：有你在，有事做，有所期待。"

"这件衣服穿在你身上真漂亮，一般人很难穿出这个效果，看得我眼睛都直了。"

"你脸色这么差，是身体不舒服，还是工作太累了？"

有人说："爱情像夏日里的一缕微风，它可以带给我们清新与舒适的感觉，但它却是短暂的，并且也是稍纵即逝的。"诚然如是，爱情是一种奇妙的感觉，随着时间的推移，它会渐渐消逝散去。而我们能做的，就是尽可能地做一些事情延长爱情的保质期。

怎么说，怎么做，才能让爱情长久保鲜下去呢？

《安徒生童话》里有这样一则故事：在一个贫穷的乡村里，有一对很恩爱的老夫妻。一天，老头本想到集市上用自己家的马换一些有用的东西，结果回来的时候，他手里提着一袋烂苹果。有两个人看见了，对老头的做法很是不解。老头解释说："我先用马换了一头牛，又用牛换了一只羊，再用羊换了一只鹅，又用鹅换来了一袋烂苹果。"那二人听后纷纷表示，他回家后肯定会得到妻子的一顿训斥。

可老头却不以为然，他很自信地说，妻子不仅不会责骂自己，而且还会给他一个吻。那二人一点都不信，并且用一斗金币跟老人打赌。

老头回到家，当老伴得知换货的经过，果然给了老头一个吻。见那二人疑惑不解，老伴解释道："老头子做事总不会错，他用马换牛，是想让我每天都有牛奶喝；他用牛换羊，是想让我既有羊奶喝，又有羊毛袜子可以穿；他用羊换鹅，也是为了让我能吃到美味的烤鹅；而他用鹅换苹果，是因为他知道家中没有香菜，我可以用苹果去和邻居换香菜。"

二人听后，在羡慕之余，心甘情愿地交出一斗金币。

这则故事启发我们：在感情当中，要想久处不厌，感情深厚，一定要记得夸奖对方。而在夸人的时候，我们可以采用感受＋类比＋赞扬的公式，这样给人一种更真实可信的感觉。

举个例子，女朋友对男朋友说："哇，你做饭的手艺也太厉害了，这道菜做得很好吃，比上次去的那家饭店里的厨师做得都地道，味道真是绝了！"

前面夸"手艺好"是个人感受，中间用厨师做类比，最后，"味道绝"是赞扬。在赞美声里，情侣之间会越来越依赖对方，双方的感情也会越来越好。

当然，除了恰如其分的夸奖之外，还可以掌握一些爱情长久保鲜的话术技巧。

第一，畅聊爱好。

自古以来，不同频的爱情，往往很难善终。所以，交往的男女双方一定要培养一项共同的兴趣和爱好，它可以是爬山，也可以是旅游，还可以是健身，等等。有了这项爱好之后，双方可以有很多可以讨论的话题。在畅聊话题的过程中，二人的眼睛里是透着光的，心是紧紧贴在一起的，而他们的感情也因为共同的兴趣和爱好而缠绵缱绻。

第二，共情对方的感受。

在感情的世界里，男女双方难免会有摩擦和分歧。如果发生了一些不愉快的事情，记得一定要站在对方的角度，说一些共情他的话。比如，男友每天早出晚归，已经很久没有时间陪你一起聊天、逛街、看电影了，你看着他回家倒头就睡的模样，心里不免会泛起一阵酸楚，回想起过往的种种美好，反衬得如今的孤寂和落寞更加明显。这个时候，就算心里不满，也切忌使用一些指责性的语言："你怎么变成这样了？""回家就知道睡，你已经很久不陪我了。""你难道不爱我了吗？曾经的承诺都是假的吗？"

这些攻击和质疑的语言会伤了彼此的心，此时最明智的做法是，先给他倒一杯水，然后给他捏捏肩，接着温柔地问他："亲爱的，工作最近很忙吗？你看起来很累。"

你的理解和共情会激发他的倾诉欲，在倾诉的过程中，他会慢慢放松下来。而在他的解释下，你心中的疙瘩也能慢慢解开，你们的感情也会变得非常稳固。

第三，寻找表达爱的机会。

平时大家都忙于自己的工作，很容易忽略感情的交流。曾经那些情意绵绵的告白，那些温言软语的关怀，早已被我们抛之脑后。我们发现，彼此的感情已经渐渐地变淡了。那么，如何让这些流逝的感情回归并长久下去呢？

找个特别的纪念日，手捧一份礼物，深情款款地向爱人告白："生活里尽管没有浪漫倾城的风花雪月，也没有意乱情迷的海誓山盟，但我们却能感觉到彼此相偎时的那种心跳！我爱你！"重温一下专属于两个人的甜蜜回忆，你们的感情会因为这份别样的动容而持续很久。

夫妻间无话可说，怎么办

🎙 讲话公式

问需求 + 问感受

🎙 错误说法

"下班以后就知道躺在沙发上打游戏，你眼里还有没有我和孩子？"

"你快闭嘴吧，我根本不信你说的话！"

"哑巴式的婚姻，我早就过够了，咱们离婚吧！"

🎙 话术示范

"我说过什么话，让你觉得很伤心？"

"你压力大或者不开心的时候，记得告诉我，我们一起分担。"

听过"婚姻失语症"这个词汇吗？心理上把这种情况称为中年危机，它是指曾经特别亲密的夫妻变得陌生起来，成为最"熟悉的陌生人"。从交往时期的无所不谈到婚后的无话可说，很多中年夫妻都是这样走过来的。此时，如果我们不做什么改变，那么婚姻将岌岌可危。

为了避免走向离婚的悲剧，不妨按照情感专家周小鹏提出的这几个步骤做，在关键时刻或许能帮你顺利度过情感危机。

第一，问对方"你最希望我做什么"。

当双方沟通不畅的时候，"打直球"才是最有效的解决手段。它不是卑微讨好，也不是示弱，而是直击对方的需求。这样的方式可以避免猜来猜去导致的误解，也可以减少不必要的精神内耗。

当你通过这种方式了解了对方的需求和喜好，就能调整策略，迎合对方的需求，消融对方心头的坚冰。不过，需要提醒大家的是，当一方主动打探情况，意图弥补裂痕时，另外一方千万不要接一句："你就是不爱我。"这是一个愚蠢的回答，会严重打击对方和好的积极性，从而进一步恶化双方的关系。

第二，积极向别人取经。

在我们的身边，肯定有一些夫妻关系很好的家庭。我们要多多向他们取经，问问他们："你们感情为什么那么好？有什么经营的秘诀？"听一听他们夫妻的相处之道，以及他们婚姻的故事，我们就能反思，并调整自己的行为。

第三，问对方"是否做了什么让你不开心的事情"。

当对方情绪失落，不愿意搭理你的时候，不要一个劲儿地追问："你怎么了？""为什么会生气？"众所周知，当我们不高兴的时候，只想安静地待一会儿，根本不想开口多说一句话。如果你想打开突破口，可以这样问："我是不是做了什么事情，让你不开心了？"

这句话表示你跟对方的情绪是同频的，并且你也因为对方的情绪受到影响了。通常来说，他会给出否定的答案，这个时候，你再问他怎么回事，他才更容易打开心扉，倾诉自己的心事。

第四，问对方"有什么让你焦虑的事，但没有告诉我"。

生活中的很多人不善于表达自我，也不习惯向他人倾诉。当他被某个问题困扰时，常常会独自苦闷、焦虑。当你看到自己的另一半愁眉苦脸，一言不发时，不妨问问她（他）："有什么让你焦虑的事，但没有告诉我？"这句话可以让她（他）感受到你的关心，她（他）也因此而增加一些分享的动力。

第五，问对方"有什么事，你一直想做但没有完成"。

这个问题的主要目的是了解对方的目标和梦想。当梦想被提及并被再次点燃的那一刻，也许夫妻双方就能找到很多可以聊的话题。而在沟通的过程中，两口子也会成为彼此人生路上的支持者和拥护者。

第六，问对方"你爱我什么"。

不要问对方"你爱我吗"，而应该问对方"你爱我什么"。在此过程中，可以让对方回忆你的闪光点，确认对你的情谊和认可。而你也在肯定的答案中坚定对这份感情的信念。

夫妻吵架，怎么说才能和好如初

🎤 **讲话公式**

共情 + 道歉 + 感受

🎤 **错误示范**

"我对你太失望了，咱们离婚吧！"

"今晚必须把碗洗了，否则跟你没完。"

"滚远点。"

🎤 **话术示范**

"你心里是怎么想的，能跟我说说吗？"

"对不起，我真的不是有意要伤害你的，我刚刚之所以发火，是因为……"

"我实在是太担心你了，所以才说话急了点，望你理解。"

"你希望我以后怎么做，我想听听你的想法。"

"那我们再想想别的办法，不要着急，肯定能解决这个问题。"

美国婚姻问题专家温格·朱利曾说："在这个世界上，即使是最幸福的婚姻，一生中也会有 200 次想要离婚的冲动和 50 次想要掐死对方的想法。"

两个人相处，难免有意见相左的时候。吵架不可怕，可怕的是吵完之后，双方不知道如何修复关系，而是继续冷战，让婚姻持续恶化下去，这样一来，非常消耗双方的感情。到底该怎么做呢？

第一，向对方先表达理解。

夫妻吵架，通常都是一方想让另一方遵循自己的要求而另一方不妥协导致的。吵完架后，问题依旧得不到解决，双方的感情却因此降到冰点。若想挽救局势，你不妨站在对方的角度，共情他的感受，这样也许事情还有回旋的余地。

比如，"我知道，下班回来你很累，但是你可否把脱下来的外套顺手挂在墙上。"当一个人能感受到你的理解时，内心也更容易接受你的建议。

另外，我们要把埋怨的话，换成希望的话。举个例子，当丈夫下班很晚回家时，你与其抱怨"你不着家"，不如换成"你回家太晚，我们会担心的，下次最好事先通知我们一声"。

第二，用真挚的语言表达歉意。

吵完架后，如果意识到是自己的问题，一定要及时向对方道歉，并且语气要诚恳，态度要端正。举个例子："老婆，是我脾气太急躁，还没有了解清楚状况，就责怪你，让你伤心了。真的对不起，我以后再也不会这么冲动了，不会惹你生气了。"

既要承认自己的错误，也要共情爱人的感受，同时还要表明自己的态度，让爱人看到你改正的决心。做到这"三要"，才是正确的道歉方式。

另外，大家还要树立一个正确的认知，所谓真正的道歉，是"我承认自己错了，并且愿意接受你负面情绪的反扑"，而不是"我都说对不起了，你还想要我怎样"。

第三，通过孩子告诉对方，你很在乎他（她）。

孩子是夫妻感情最好的润滑剂。有了孩子做纽带，夫妻间可以增加很多交流的机会，矛盾也可以轻松化解。

比如，"告诉爸爸，饭菜已经做好了，快点过来吃。""帮我跟妈妈说一声，爸爸虽然很生气，但是依旧很爱她。"让孩子充当传声筒，这样的话相当于给对方递了一个台阶，一般来说，当对方看到你有低头和好的意思，他们也会看在孩子的份上，主动放下姿态，选择和解的。

吵架后说话一定要格外小心，要绕过以下这些语言的雷区：

1. 一定要控制自己的情绪，切不可带着情绪跟另一半说话，这样会激起他（她）的对抗心理，从而恶化双方的关系。

2. 别用否定的语气抹杀对方的价值。比如"你真是干啥啥不行，我对你失望透顶""你看看人家××，哪像你这样懒……"这种话会扼杀对方的积极性，让他从此开启摆烂模式。

3. 把错误都归结于对方。比如，"都是因为你，害得咱们整个家都不得安宁。"这样的话通常有失公允，也会增加对方内心的不满。

4. 不要翻旧账，否则有吵不完的架。比如，"上次就因为你的固执己见，导致咱们家损失了一大笔钱。"原本或许是芝麻绿豆的小事，结果因为过往事情的掺和，导致问题扩大化，最后吵得根本停不下来。

第三章

共情说服万能公式

彼此不信任时，打消对方的戒备心理

🎙 讲话公式

转移注意力 + 回到正题

🎙 错误说法

"今天就把这件事情敲定吧，你相信我，我一定会完成得很好的。"

"买过我们东西的人都说好，你就赶紧下单吧！"

"快点按我说的做，否则……"

"你这样做肯定不对，你听我的准没错……"

🎙 话术示范

"我听说您的女儿气质出众，舞蹈跳得极好……"

"今天这天气实在是糟糕透了，也不知道什么时候能变好？"

"我上次去超市买东西的时候，闹了个笑话，害我当场社会性死亡……"

在与陌生人打交道的时候，双方都会存在一定的戒备心理，这种心理状态会影响双方自如地交流，更会增加你说服的难度。所以，在说服别人时，消除对方的戒备是首先要解决的问题。那么，如何让对方消除戒备呢？

明智的做法是采取"迂回战术"。具体是指把对方的注意力从他敏感的问题上引开，绕个弯子，再回到正题上来。这样可以消除对方的戒心，避免陷入僵局。

卡耐基曾经告诫人们："与人交谈，要让对方接受自己的观点，不要先讨论双方不一致的问题，而要先强调，并且反复强调你们一致的事情。让对方一开始就说'是''对的'，而不要让对方一开始就说'不'。"

心理学研究发现，当人们说出"不"字的时候，他的整个人，包括肉体和精神，都处于一种明显的收缩状态，这种状态往往会使他拒绝任何人的意见。同时，当"不"字脱口而出后，人们就不愿意再悔改。哪怕他明显地意识到自己出现了错误，也会找出种种理由为自己辩解，甚至会贬损对方的观点，这就是自尊心在作祟。

明白了这个道理，在劝说对方的时候，就尽量不要让对方把"不"字说出来，或让他暂时忘记自己的观点。要尽可能地让对方说"是"，这时候他处于放松状态，比较容易接受他人的意见，至少不会轻易地反对，而会先权衡。而且一旦"是"字说出口，他也不会再轻易地否定了。所以要利用这种心理学效应让对方接受你的意见。

另外，要想打消对方的戒备，我们除了采用迂回战术，还可以说一些受欢迎的"废话"。通常来说，有用的"废话"主要指对方关心和感兴趣的话题。除此之外，你还要多储备一些和对方"闲谈"的资料，比如天气。这类资料往往轻松、有趣，容易引起别人的注意。

除了天气之外，常用的闲谈资料还有以下几方面：

第一，热点新闻。

假使你对一些新闻有特殊的意见和看法，那足可以把一批听众吸引在你的周围。

第二，居家常识。

关于每个家庭里需要知道的各方面知识，如儿童教育、购物经验、夫妇相处之道、亲友之间的交际应酬、家庭布置，等等，也会使多数人产生兴趣，特别对于家庭主妇们。

第三，关于自己的一些无伤大雅的笑话。

例如，语言上的误会，或是办事摆了乌龙等，这一类的笑话，多数人都爱听。如果把别人闹的笑话拿出来讲，固然也可以得到同样的效果，但对于那个闹笑话的人，就未免有点不敬，也容易显得自己缺少教养。讲自己闹过的笑话，开开自己的玩笑，除去能够博人一笑之外，还会使人觉得自己为人随和，容易相处。

第四，保健与医疗。

这也是人人都有兴趣的话题。谈谈新发明的药品，介绍著名的医生，对流行病的医疗护理，自己或亲友养病的经验，怎样可以延年益寿，怎样可以增加体重，怎样可以减肥……这一类的话题不但能吸引人的注意，而且对人也有很大的好处。特别是遇到自身或家人健康有问题的人的时候，假如你能向他提供有价值的意见，那更有利于增加自己的说服力。事实上，有哪一个人、哪一个家庭没有这方面的问题呢？

第五，搞笑的段子。

笑话人人爱听，假如你储备了大量各式各样的搞笑段子，又能在恰当的时机抛出，那你恐怕就是最受欢迎的人了。

第六，历险故事。

自己或朋友亲身经历的惊险故事最能引起别人的注意。人们的生活常常是平静的，每天吃饭、工作、睡觉，发生意外的情况很少。可是忽然大祸临头了，或是路上遭遇到危险……怎样应付这些不平常的局面，是每一个人永远感兴趣的题材；怎样机智地或是幸运地在危机中安全逃生，又是每一个人关注的话题。

第七，运动与休闲。

夏天谈游泳，冬天谈滑雪，其他如足球、羽毛球、篮球、乒乓球，都能引起人们普遍的兴趣。娱乐方面像盆栽、集邮、钓鱼、看电影，什么地方可以吃到美味的食物，怎样安排假期……这些都是一般人非常感兴趣的话题。

当然，如下这些话题，诸如宠物、孩子、食物和菜谱、自己的健康、足球和其他体育运动或者家庭纠纷之类，并不是所有时候都受欢迎，特别是当对方时间紧迫的时候，人们并不真正愿意听你的高谈阔论。如果此时继续喋喋不休，就会像写文章跑题一样，让人厌烦。

闲谈的话题很广泛，但要选择双方都能接受并愿意倾听的话题，这样才能畅通无阻地沟通，进而达到说服的目的。

对方固执己见时，如何旁敲侧击说服他

🎙 讲话公式

正面说 + 反面说 + 侧面说

🎙 错误说法

"你这人怎么这么轴呢？一点都不听劝，迟早要吃亏的。"

"你要是不听我的话，以后咱们就一刀两断，互不来往。"

"你看看人家××，多精明呀！哪像你，老是糊里糊涂，往错误的道路上狂奔。"

🎙 话术示范

"我觉得你说得对，孩子还小，等到五六岁自然就会自己动手吃饭了。"

"你总说天赋是最重要的，可是方仲永从小就天赋极佳，5岁就能提笔成诗，结果后来不好好努力，最终还不是落得个'泯然众人矣'的下场。"

"我们这个产品的销量目前已经累计达到数千万，您看看这是顾客对我们产品的反馈……"

在日常生活中，总有一些性格执拗的人，他们一旦做了某个决定，九头牛都拉不回来。这样的人通常目标明确，做出某个决定就会一往无前，不会出现前功尽弃的现象。坚守信念，勇往直前，固然是一件好事，不过，如果他们的目标和方向一开始就是错的，那么越往前走，他们的路越渺茫。

劝说这类人，不妨采取以下步骤：

第一，正面说。

这是一个"用正面言辞夸大对方的错误意愿，在对方彻底认识自己的错误后，而不得不改正"的说服方法。

《史记·滑稽列传》记载：楚庄王最心爱的马病死了，庄王打算用大夫的丧礼规格来安葬它。群臣认为这种做法不妥。庄王下令说："谁来劝谏我，就处以死罪！"优孟得知此事后，上殿并不说话，只是仰面大笑，庄王惊问其故。优孟回答说，以大夫之礼安葬马显得寒酸，应以国君的葬礼来安葬。庄王更加糊涂了，要优孟解释清楚。

优孟说："应以雕玉为棺，文梓为椁，调动大批士卒修坟，征用大批百姓负土。送葬时，让齐国、赵国的使节列于前，让韩国、魏国的使节翼随于后；再给它造起祠庙，祀以太牢之礼，奉以万户之邑。这样一来，诸侯各国就知道大王您把人看得轻贱，而把马看得很尊贵了。"庄王一听，突然醒悟过来，他意识到自己险些铸成大错，遂打消了用大夫之礼葬马的念头，改以六畜之礼葬之。

第二，反面说。

这是从事物的反面入手揭示对方错误的说服方法。这种方法违背对方的本意，用道理直击其错误，使他想违抗又不能违抗，想发怒又不能发怒，最后只得低下头来，听从你的观点。

秦宣太后病危将死之时，拟下遗令："要魏丑夫为我殉葬。"

魏丑夫听后十分害怕。庸芮可怜魏丑夫，于是向太后求情。他问太后："您认为死了的人还有知觉吗？"太后说："没有知觉了。"

他又说："像太后这样圣明聪慧的人，明明知道死者是没有知觉的，为什么白白地将自己生前所爱的人用来为没有知觉的死人陪葬呢？如果死者真有知觉，那先王一定已经长期积怒在心了，太后连补救过失的时间都不够，哪里还有时间去私爱魏丑夫呢？"太后听了觉得有理，而魏丑夫也免于一死。

第三，侧面说。

这是从别人思想的侧面指出其错误的说服方法，是一种隐匿的说法。

优旃是秦朝皇宫里的歌舞艺人，个子非常矮小。他擅长说笑话，然而都能合乎大道理。秦始皇曾经计划扩大射猎的区域，东到函谷关，西到雍县和陈仓。优旃说："好！多养些禽兽在里面，敌人从东面来侵犯，让麋鹿用角去抵抗他们就足以应付了。"秦始皇听了这话，就打消了扩大猎场的念头。

作为有效的说服方法，在具体运用正面说、反面说、侧面说这三种方法时，只要采取慎重的态度，就可以轻松达到目的。这三种方法中，正面说和侧面说都是在维护对方自尊心的前提下建立起来的，目的是避免和对方发生正面冲突。

富兰克林为了维护他人的自尊心，不仅不直接指出对方的错误，而且不用自信的口气、坚决的语气说话。他总结说："我立了一条规矩，绝不准自己太武断，我甚至不准自己在文字或语言上有太肯定的意见。比如，'当然''无疑'等词，我不会轻易使用，而是用'我想''我假设''我想象一件事该这样或那样'等。当别人陈述一件事而我不以为然时，我绝不立刻驳斥他或立即指正他的错误。我会在回答的时候，表示在某些条件和情况下，他的意见没有错，但在目前这件事上，看来好像有不同，等等。我很快就得到收获：凡是我参与的谈话，气氛都变得融洽多了。"

能做到富兰克林说的这些，你便能牵着别人的鼻子走，而对方对你的劝说也不会存有抵触情绪，如此也就达到了预想的目的。

阻力巨大时，如何以退为进

🎙 **讲话公式**

否定自己 + 适时诱导

🎙 **错误说法**

"我已经退无可退了，你们也要做适当让步。"

"我没有错，这个事情你必须听我的。"

🎙 **话术示范**

"这批货，我再忍痛给你降 0.5%，希望张总能把这份合同签了，否则，这么低的价格我没法跟领导交代。"

"我也许考虑问题过于仓促了，咱们不妨把问题再仔细分析一遍！"

美国在费城举行宪法会议的时候，会议中分为赞成派和反对派，讨论相当白热化。出席者的言论都非常尖锐，甚至一度演变成人身攻击。

由于出席者有着种族、宗教方面的差异，利害关系相同的人自然结合在一起，致使会议充满了火药味和互不信任的气氛。

宪法会议即将谈崩时，持赞成意见的富兰克林适时地出面收拾了紊乱的场面，终于促使宪法成立。

面对反对派的猛烈攻击，富兰克林不慌不忙地对他们说："老实说，对这个宪法我也并非完全赞成。"

这句话一出，会议纷乱的情形霎时停止了，反对派人士不禁感到怀疑：富兰克林既然是赞成派，为什么不完全赞成自己所提的宪法呢？

富兰克林顿了一会儿，才继续说："我对于自己赞成的这项宪法并没有信心，出席本会议的各位，也许对于细则还有些异议，但不瞒各位，我此时也和你们一样，对这项宪法是否正确抱有怀疑态度，我就是在这种心境下来签署宪法的。"

富兰克林的这番话使得反对派平静下来，美国的宪法终于顺利通过。

有的人要化解对方的不信任感，往往会以强硬的口气说，"请你相信我的话"或者"根本没有那回事"，结果反而使对方的不信任感更加强烈。

因为，这样说就像是要将对方的不信任全面否定，只保留自己单方面的主张。实际上，这反而是一种正面的攻击，不会产生任何效果。

对于一件事情，如果只是强调好的一面，那么对方对于你所说的话就会存有不信任的潜在心理。

如果为了消除对方的不信任感，而一再强调自己的优点，那么反而缺乏说服力，还不如利用人类潜在心理的"别扭心态"，来取得对方的信任。

例如，你可以先给对方一些不利于自己的消息，使对方觉得你"还蛮老实的"，这样一来，他就会产生想听你继续说话的意愿，你便可以附带地为自己说些好话，在不知不觉中，对方就会顺利地接受你的诱导。

富兰克林就是利用了这个技巧，先说一些对自己不利的话，反而使对方产生了信任感。

一味地肯定自己，容易引起人们的反感，以致其筑起防范的城墙，从而导致自己的被动。倒不如把姿态放低一些，说些否定自己的、退让的话，反而会峰回路转、柳暗花明，使交谈顺利地进行下去。

另外，大家在做出退让时，需要注意以下两个问题：

第一，声明和渲染自己的退让。

举个例子，销售员在推销一件衣服时，为了说服客户买下这件衣服，通常给自己打造一个"受害者"人设："这件衣服我亏本卖给你，我一分钱不挣，还赔钱。不过，为了赚个人气，我愿意退一步。你呢，买了以后要是穿着好，多给我介绍几个客户。"

这里的销售员刻意强调自己退让给客户带来的利益，强调自己的损失和麻烦，以此勾起客户的内疚心理，从而让顾客不好意思拒绝成交的请求。

第二，退让的步子不能迈得太大。

在与人交涉的过程中，我们不能一下子把退让的步子迈得太大。具体来说，就是不能干脆利落地答应对方的请求，不能一次性让对方看见自己的底线，这种"巨大的牺牲"会让顾客得寸进尺，也会损害自身的利益。所以，在劝说过程中，我们的退让应该谨小慎微，不宜一次到位。

情况复杂时，如何说到对方心坎里

🎤 **讲话公式**

互换位置 + 揣摩把握 + 直击要害

🎤 **错误说法**

"你怎么这么自私，为什么不同意生二胎？"

"你听我的话，这套衣服很好看，买回去肯定不会后悔。"

🎤 **话术示范**

"我知道你生二胎有很多的顾虑，这一点大家都理解，毕竟生养一个孩子真的很不容易，你要经受精神、生理和物质的多重考验……"

"这套衣服穿上很显瘦，你在镜子里看看，肚子上的赘肉都遮住了……"

卡耐基曾用某旅馆大礼堂讲课。有一天，他突然接到通知，租金要提高三倍。卡耐基前去与经理交涉，他说："我接到通知，有点震惊，不过这不怪你。如果我是你，我也会这么做。因为你是旅馆的经理，你的职责是使旅馆尽可能赢利。"紧接着，卡耐基为他算了一笔账，将礼堂用于办舞会、晚会，当然会获大利。"但你撵走了我，也等于撵走了成千上万有文化的中层管理人员，而他们光顾贵旅社，是你花再多的钱也买不到的活广告。那么，哪样更有利呢？"经理被他说服了。

卡耐基之所以成功地说服了经理，在于当他说"如果我是你，我也会这么做"时，他已经完全站到了经理的角度。接着，他站在经理的角度上算了一笔账，抓住了经理的兴奋点——赢利，使经理心甘情愿地把天平砝码加到卡耐基这边。

在生活中，当我们想说服一个人的时候，往往只站在自己的角度思考问题。这样的话，即使你说得天花乱坠，对方也毫不买账。

一个人决定是否听从于你，考虑的因素较为复杂，但不管他的顾虑有多少，始终围绕着自身利益。所以，我们在说服他人的过程中，一定要学会换位思考，并在此基础上调整言行。换位思考就是完全转换到对方的角度思考，这就要求我们在观察、处理问题或做思想工作的过程中，把自己摆在对方的角度，对事物进行再认识、再把握，以便得到更准确的判断，说出的话才能真正说到别人的心窝里。

我们大多数人儿时常会做一种游戏：两腿叉开，头向下从两腿之间向后看。本来习以为常的乡间景色便有了新意，让人百玩不厌，常玩常新。成年后多了些社会生活经验，又读了些书，知道那种看似简单的游戏实际上蕴藏着并不简单的道理：换位思考。

汽车大王福特说过一句话：假如有什么成功秘诀的话，就是设身处地地替别人着想，了解别人的态度和观点。因为这样不但能实现你与对方的沟通和理解，而且能更为清楚地了解对方的思想轨迹及其中的"要害点"，从而做到有的放矢，击中"要害"。

怎样才能真正做到换位思考？

第一，站在对方的立场看问题。

村上春树有一句很经典的名言："不是所有的鱼都会生活在同一片海里。"人生活的环境不同，所处的境遇也不同，所思所想自然也不同。我们要想换位思考，要想彻底了解一个人，就得像《杀死一只知更鸟》里说的"你穿上他的鞋子，陪他走上一段"，只有这样，才能切身了解他的感受，才能站在他的角度看问题。当我们做到这一点时，才能一针见血地说到对方的心里。

第二，全方位思考问题。

中国有一句老话："当局者迷，旁观者清。"当我们片面地看问题时，就很难做到换位思考。但是当我们打开全局视野，看到自己之前看不到的问题，就能抛开主观情绪，站在第三视角来思考问题，才能更容易看清问题的真相，也更容易说服他人。

第三，加强与对方的沟通。

我们要想彻底了解一个人，除了站在对方的立场思考，还可以真诚沟通。在沟通的过程中，我们了解对方的性格特点、需求喜好、顾虑担忧等，一旦掌握了对方的相关信息，说服对方的难度自然就会降低很多。

要求他人时，如何降低其逆反心理

🎙️ **讲话公式**

　　假定同意 + 描绘场景

🎙️ **错误说法**

　　"你必须把碗洗了，否则今晚别想回房睡觉。"

　　"你不要管那么多，照我说的做就是了。"

🎙️ **话术示范**

　　"时间很晚了，要不你去把碗洗了吧，我去把孩子哄睡，否则我担心他明天上学该起不来了。"

　　"你闭上眼睛想象一下，未来的你走进这件阳光房，淡淡的檀木香充斥着你的鼻腔，镂空的雕花窗中射入斑斑点点的细碎阳光……"

　　日本松下公司前总裁松下幸之助曾说："不论是企业的领导人还是团体的管理者，要使属下高高兴兴、自发地做事，我认为最重要的一点就是，要在用人和被用人之间，建立双向的，也就是精神与精神的契合、心与心的沟通。"

　　我们在要求一个人做某件事情的时候，即使对方是自己的下属，也不能颐指气使，扯着大嗓门命令他，否则会触发他的逆反心理。

可在生活中，很多人不明白这个道理，他们认为，只有雷厉风行才能产生最佳效果，命令别人的时候，也不看人家的意见如何，反正一句话："做了再说！"殊不知这一举动会触发对方的逆反心理，并让他觉得尊严尽失。在这种情况下，对方根本不会乖乖顺从你的意愿行事。举个例子，你厉声斥责孩子不要在水坑里玩，结果转头他就跳进了水坑；你颐指气使地要求伴侣把衣服晒一下，结果伴侣非但不服从，反而给了你一个白眼。这种情况很明显，你的态度伤害了他的感情，所以，他为了维护自己的自尊，坚决不服从你居高临下的命令。

为了避免以上情况的发生，我们需要和对方好好商量，当然紧急情况除外。如果采用商量的方式，对方就会把心中的想法讲出来，而你认为他说得有道理，就不妨说："我明白了，你说得很有道理，关于这一点，你看这样行不行？"诸如此类，一方面吸收对方的想法和建议，一方面推进工作。这会让对方觉得，既然自己的意见被采用，那么就应该把这件事当作自己的事去认真做。

当然，在要求他人时，除了商量的口吻，我们还可以采取为对方描绘美好愿景的方式降低其逆反心理。

举个例子，情人节当天，有个人给路过的小伙子推销玫瑰花，结果小伙子一看价格很贵就拒绝购买。这个时候，卖花的人说："其实女孩子最喜欢的礼物就是玫瑰花。你试着想一想：情人节当天，假如你手捧着一束娇艳欲滴的玫瑰花出现在她的面前，她一定会被这突如其来的礼物弄得一脸害羞，接着会满心欢喜地收下它，此刻她的脸上一定含情脉脉，洋溢着幸福的微笑，对你的爱更胜从前，在爱意的加持下，她会给你送上一个大大的拥抱，她会情不自禁地亲吻你……"

这样的场景描述深深打动了小伙子，他二话不说就掏钱买下了一捧玫瑰。

另外，需要注意的是，当你不慎激发起对方的逆反心理，切不可采取"针尖对麦芒"的方式火上浇油。此时最理智的做法是冷却处理，对他的执拗不予理睬。时间一长，他的情绪慢慢归于平静，这个时候再去说服他，效果自然会更好一些。

如果对方年纪尚小，逆反心理较为严重，可以利用他的逆反心理和好胜心理去达到说服的效果。比如，"你不穿衣服，是不会穿衣服吗？""出口就是脏话，你是不是不会说礼貌用语？"诸如此类的话反而能促使对方朝着你预期的方向前行。

最后，提醒大家，即使你是一个发号施令的领导人物，也要当心员工的逆反心理。在实际工作的安排中，应做到以下几点：

第一，忌凭自己的权力压制他人。

第二，要仔细听下属的意见。

第三，若同意对方的意见，就可以加以说明："我也是这样想的。"这样会使下属为自己的决策而感到骄傲。

第四，如果不同意，必须向下属说明理由，否则就会出现"上级把命令下达了，下属依然会我行我素"的局面。

阐述观点时，如何以情动人

🎤 **讲话公式**

经历 + 发问 + 解释

🎤 **错误说法**

"你为什么不给狗拴条链子就让它跑来跑去，你不知道这样是违法的吗？"

"都是成年人了，你得懂这个道理。"

🎤 **话术示范**

"狗狗跑出去必须拴链子，万一毛孩子跑丢了，被坏人带走，那咱们得多伤心啊！"

"道理大家都懂，但是你的处境我也能理解，毕竟……"

有时候，双方的矛盾激烈、关系僵化，彼此在心理上已树立了一道对立的屏障，道理讲了无数遍，但是对方根本不愿意达成和解。这时，说服者在阐述观点时最好结合当事人双方曾经的友谊和感情，以回忆往事的方法唤起他们对往日情谊的感怀，从而感化他们，使他们在惭愧、不安与反思中化解矛盾。

有一对同胞兄弟因遗产问题发生了纠纷，他们便把定居外地的大姐请回来做裁判，以求得财产的合理分配。大姐到达的当晚，亲自下厨为两位弟弟做饭。

在饭桌上她见兄弟两个互不理睬，便叹了口气说："哎，如今经济条件好了，办一桌饭也不费力了，想想你们小时候连鸡蛋也吃不上呢！有一次见别人家的孩子吃鸡蛋，你俩就吵着也要吃。我没法子，就煮了一个土豆骗你们说是洋鸡蛋。你俩高兴得直拍手，一个说，弟弟你先来一口；一个说，哥哥你先来一口……"

说着说着，大姐眼圈红了。两位弟弟的心弦被触动，都不好意思起来，接下来再进行遗产分配自然就容易了。

大姐是聪明的，她明白就事论事无法说服两兄弟达成和解，于是便用回忆往事的方法，对其进行"润物无声"的感化，勾起了兄弟间的亲情，两人自然不会再在财产上斤斤计较了。

上面这个故事启发我们：情感是我们有效说服他人的重要武器之一。我们在打感情牌的时候可以套用这个公式：经历＋发问＋解释。

我们可以先简单描述自己的经历，讲述自己的故事，以此增加对方的信任，使他改变对我们的看法。在信任建立之后，我们可以进一步发问，问一下他关于某件事的感受和想法，这样可以更好地了解对方的底线。在探明底线之后，我们可以向对方表明自己的观点，解释清楚自己的想法，以此让对方明白我们的意图，同意我们的观点。整个过程由情入理，层层深入，具有很好的引导作用。

另外，我们在打感情牌时，还要注意以下几个问题：

第一，找准对方情感的突破口。

常言道："精诚所至，金石为开。"在人际交往中，人们彼此的情感是相互作用与影响的，只有情相通、心相近，所说的话才能与对方产生共鸣。因此要向对方说理，必须先了解对方的心理与情感需求，站在对方的角度考虑问题，在感情上拉近关系，产生"自己人"效应，说的道理才能起作用。

第二，为对方真情付出。

要想用情打动对方，那就要适当地为对方付出，不管是物质层面，还是精神层面，都要让对方感受到你的诚意，体会到你的用心，这样才能更好地说服对方。举个例子，一个男孩喜欢上了一个漂亮女孩，男孩千方百计地向女孩表白，却都得不到对方的肯定答复。这个时候，男孩不妨做一些让女孩感动的事情，说一些真挚热烈、体贴关怀的话。比如，为女孩买生理用品、亲手做饭给她吃、天冷为她暖手、给她买喜欢的生日礼物、每天短信或电话道晚安、女孩不开心的时候开导她、女孩孤单的时候陪伴她，等等。这样的真情付出，打动女孩的概率才会高。

第三，亲密沟通。

对于夫妻或者情侣而言，这一点深有体会。当一方试图说服另一方时，如果肩并肩、附在对方的耳边喃喃细语，那么更容易让对方动情，并顺从自己的意愿。有个成语叫"促膝长谈"，意思就是靠在一起说知心话。两个人坐在一起面对面和风细雨地谈，比站着喊更能让人感到亲切。

最后，需要注意的是，声音的高低也影响情感的表达。如果你说话的声音由于情感的融合而逐渐变小，那么心灵的交流也就会逐渐顺畅，劝说自然也就容易起来。

提要求时，如何一步步说服对方

🎤 讲话公式

小要求 + 大要求

🎤 错误说法

"帮我把衣服洗一下。"

"这个礼拜天，你必须把这一整篇课文背诵完。"

🎤 话术示范

"你能帮我把衣服扔进洗衣机吗？……好，谢谢，再麻烦你把洗衣机的开关按钮按一下。"

"礼拜六，把这篇文章的前三段背完，好吗？礼拜日，把这篇文章的后两段背诵完。"

在一次万米长跑比赛中，一位实力一般的女选手幸运地获得了冠军。事后，记者问她成功的秘诀。她回答说："别人都把一万米看作一个整体目标，我却把它分成十段。在第一个千米段，我要求自己争取领先，这比较容易做到，因此我做到了；在第二个千米段，我也要求自己争取领先，这并不难，所以我也做到了……这样，我在每一个千米段都保持了领先，并超出一段距离，所以夺取了最后胜利，尽管我的水平不是最高的。"后来，她的教练说，她正是成功地运用了"登门槛效应"。

那么何为"登门槛效应"呢？这是一个心理学上的名词。它是指一个人一旦接受了他人的一个微不足道的要求，为了避免认知上的不协调，或想给他人以前后一致的印象，就有可能接受更高的要求。这种现象犹如登门坎时要一级台阶一级台阶地登，这样能更容易、更顺利地登上高处。

我们在说服别人的时候，不能急于求成，应该像登门槛一样，一步一步地说服对方。正如你想进一间房子，又怕遭到主人的拒绝，就先说服主人让你的脚踏上门槛，然后再说服他让你的脚踏进门槛内，达到了这个目的，再说服他让你进屋就不难了。这实际上是个"得寸进尺"的策略。在现实生活中运用这种技巧是很有效的。比如，父母要求爱睡懒觉的孩子早起床，先让他每天早起半个小时就很容易做到，待他养成习惯以后，要求他再早起半个小时，也很容易就做到，但如果一下子让他早起一个小时就比较困难。这实际上是一种循序渐进的方法。

总而言之，对于一个要求比较高，或者要求比较多的人而言，最明智的劝说策略就是这种得寸进尺的策略。先提小要求，再提大要求，说服对方接受一个较小的要求后，再说服他接受一个更大的要求，就有了较大的可能性。

在使用登门槛效应说服对方时，要设置好合理的"门槛"，这样才能更好地达到理想的说服效果。举个例子，你要说服五百个客户进入你的社群，如果你把门槛设得太高，用户根本就达不到条件，跨不过你的门槛；如果门槛过低，客户会觉得你的社群价值过低，没有加入的必要。

另外，利用登门槛效应时，要从对方的角度出发，为对方提供优质的体验，让对方感到愉快和舒适，这样才能引导他顺利走完整个流程，否则一个要求提完，对方断然拒绝，根本不会给你提另外一个要求的机会。

此外，我们还要设立一些有吸引力的东西，以此增强对方参与的兴趣。举个例子，商家在策划一场销售活动时，经常用优惠券、免费试用品、礼品等激发用户的动力。

最后提醒大家的是，说服他人还可以先提大要求，再提小要求。这种方法对于小商贩来说比较实用。我们都有这样的经验，卖主先是漫天要价，再和买主讨价还价，当卖主降低价格的时候，人们以为他退却了，便接受了这个价格。实际上卖主仍然按照自己的意图进行了交易，却让双方都满意。

第四章

职场沟通万能公式

面试时，如何在竞聘中脱颖而出

🎙 **讲话公式**

基本信息 + 工作经历 + 胜任力

🎙 **错误说法**

"我讨厌以前的老板。"

"我可能需要休假数日。"

"你们什么时候通知我上班？"

🎙 **话术示范**

"我的核心优势是……这个优势让我在前公司的 ×× 项目中，取得了……的成绩。"

"我希望能在 ×× 岗位上深耕，找到自己真正的兴趣和能力所在。我也希望能在两年内成长到可以领导一个小团队，为公司带来更多的价值。"

当前就业市场的竞争十分激烈，除了少数社会急需、特别紧缺的人才外，如果还采用大众化的求职方法，有时很难获得青睐。那么在面试的过程中，我们采用什么样的话术才能脱颖而出呢？首先，在自我介绍环节，我们可以用"**基本信息 + 工作经历 + 胜任力**"的讲话公式应对。

比如，"你好，我叫 ××，2018 年毕业于 ×× 大学 ×× 专业。之前任职于 ×× 公司，担任 ×× 一职，在职期间主要负责……，对行业相关业务的研发设计流程十分熟悉。在职期间，我参与的项目取得了……的成果。"在这个案例中，姓名、毕业院校、专业以及职务是自己的基本信息。"在职期间主要负责……，对行业相关业务的研发设计流程十分熟悉。"这是介绍自己的工作经历，最后的部分是表明自己的胜任能力。在这个过程中，应聘者清楚地介绍了自己的基本情况，阐述了自己的优势和亮点，展示了自己的工作能力和求职意向，是一个不错的自我介绍的参考范本。

在面试的过程中，应聘者仅仅依靠一个自我介绍是无法过关的，面试者肯定还要问一些和本职业相关的问题，比如，"请说一个让你收获最大的项目。"这个时候，我们可以用"STAR 法则"来阐述一下项目的情况（Situation）、自己的职责（Task）和行动（Action），以及项目取得的结果（Result）。

如果面试者问："你对公司了解多少？"那你可以讲一下公司的战略，再说说你个人的看法。如果面试官问："你认为自己最大的缺点是什么？"那你就避开跟目标岗位相关的缺点，然后进行作答。相关的话术可以套用"缺点＋原因＋改正"的模式。

如果面试者问："你未来的职业规划是什么？"那你可以针对自己的业务说一些自己的看法，不过回答这类问题时，不要说硬指标，而应该说软规划，这样可以让自己进退有度。

当然，应聘者除了在面试过程中掌握以上的话术公式，还要了解一些话术技巧，这样才能出奇制胜。

第一，以柔克刚。

求职，谁都想一次成功，但在大多数情况下并不能如此，因此，求职者就应有不怕失败的韧性。

松下电器创始人松下幸之助年少时去一家大电器厂求职，请求安排一个工作最差、工资最低的活儿给他。人事部主管见他个头瘦小又很脏，不便直说，随便找了个推托的理由："现在不缺人，过一个月再来看看。"

一个月之后，松下真的来了。人事部主管又推托有事，没空见他。

过了几天，松下又来了。如此反复多次，人事部主管不得不直说："你这样脏兮兮的是进不了我们厂的。"于是松下回去借钱买了衣服，穿戴整齐地来了。对方没办法，便告诉松下："关于电器的知识你知道得太少，我们厂不能收。"

两个月后，松下又来了。

"我已学了不少电器方面的知识，您看哪个方面还有差距，我一项项来弥补。"松下说。人事部主管看了他半天，才说："我干这项工作几十年了，今天头一次见到你这样来找工作的，真佩服你的耐心和韧性。"

松下终于打动了人事部主管，如愿以偿地进了工厂，并经过不懈努力，成为日本国的经营之神。

第二，直言相告。

通常情况下，求职应试总是要说恭维话，以引起对方的好感而达到谋职的目的。但一味说好话也未必能打动人，有时发现对方有错误，直言相告，指出对方不足之处，且令对方口服心服，常常也能达到求职的目的。

南京大学天文学系的一名女毕业生在参加宝洁公司主考官最后一轮面试时，大胆地指出宝洁公司的不足，并列举国外的事例加以佐证，使对方不得不折服，结果她被首先选中。

这位大学生之所以能胜过别的求职者，不仅是因为真诚地运用了说话的技巧，由"贴金"转变为说不足，而且表明：自己已经在关心、研究该单位，并投身于该单位未来发展之路的探索了；自己想来这个单位的态度是认真的，目标是专一的，而不是抱着"进得了再说，进不了拉倒"的心态来随便试试看的。另外，你说得令人信服，还表明你研究之深、水平之高，这些都能帮助你获得求职的成功。但必须注意，直言相告必须态度诚恳，着眼于对方做得更好，具有建设性，具有可行性，且实事求是，说到点子上。

第三，坚持主见。

求职应聘不附和、不随俗、不从众，是有主见的表现，也是胜过其他应聘者的长处。有一家公司招聘办事处人员，老总对每位初试通过者都说了这样一句话："如今像我们这样条件好的单位不多，你运气真好，已经跨进了一只脚。"

结果所有赞同此话的应聘者均被淘汰，只有一位持不同意见者反倒入选。她说："其实我并不觉得贵公司条件有多好，只是感到比较适合我的专业，而且觉得最后能不能入选，关键在实力而不在运气。"

老总对此大加赞赏，认为像这样有主见、敢于提出不同看法的表现，难能可贵。

冒犯领导后，怎么说才能补救

🎤 讲话公式

道歉 + 诉求 + 表态

🎤 错误说法

"我不可能有错，这个问题明明是老板认知有误，凭什么我道歉！"

"张总，你怎么就不能理解一下我们这些基层员工的难处呢！"

"咱们老板实在是太苛刻了，方案改了一下午还是没有通过。"

🎤 话术示范

"我在工作中因为 ×× 事顶撞了 ××。现在想想实在不应该。我以后一定会控制自己的情绪，改掉所犯的错误。"

"关于在处理 ×× 上，我考虑得不周全，遇事不够冷静，言辞欠妥，如有对您的不敬之处，鉴于我的出发点是为更好地工作，还请您宽宏大量，给予谅解。"

在工作过程中，我们常常因为一些不当的表达方式得罪领导。此时，你的内心一定很忐忑不安，担心领导会忌恨你、冷淡你，不再对你委以重任，甚至偷偷给你穿小鞋，让你在这个公司待不下去了。针对这种情况，有什么样的话术策略呢？

比如，"张总，上次开会沟通选题的时候，我考虑不周，表达方式也不恰当，导致咱们的沟通不是很愉快。真的很对不起，回家后我反思了一晚，觉得你的顾虑不无道理。这杯酒我先敬您，望您多多海涵，下次我一定引以为戒，不再犯类似的错误。"

在职场中打拼，你会发现，就算再开明谦和的领导也希望得到下属的尊重，如果你不小心冒犯了他的权威，让他脸上无光，肯定会影响彼此的关系，而且对你的职业晋升之路也没有半点好处。为了弥补这个裂痕，我们可以在一些比较轻松的场合，找领导问声好、敬杯酒、道个歉。

道歉的时候要有一个诚恳的认错态度，就像前面那个案例中的话术一样，这样才能帮助领导树立威信，从而方便其日后管理属下。通常来说，这些话术可消除领导对你的敌意，化解你们之间存在的误会。

当然，如果你不知道怎么直接跟领导解释，也可以通过领导的爱人或共同熟识的同事，为你们牵线搭桥，具体请求话术表述如下：

"嫂子，前几天因为一些事情，跟张总发生了一点摩擦。还请您回去帮忙解释一下，希望张总多多海涵，我以后一定会更加努力的。"

通过中间人，可以化解你和领导之间的尴尬，同时还能有效恢复你和领导之间的良好关系。

有的时候，你和领导发生冲突，也并非你自己的过错。当领导的决策出现失误时，你需要委婉提醒他：

"张总，按照您的这个发展规划，我们公司的业绩肯定能有所突破。不过，在具体实施的过程中，策划部的那几个人肯定忙不过来，您看要不要再招聘一些新的员工。"

上面这段话看似认可领导的决策，其实是在委婉地提醒领导：

"你的做法是有问题的，我不认可，你的步子迈得太大了，我们的能力跟不上。"这也变相解释了"我为什么要冒犯你"的原因。一般来说，领导听到这里，也会意识到自己的问题，从而做出调整。

在得罪领导之后，不要到处跟同事吐苦水、诉衷肠。站在同事的立场上，他也不敢得罪领导。另外，有些心术不正的同事也有可能趁此机会挑拨你和领导的关系，加深你们的误会，让你们的关系进一步恶化，最后非但没有化解矛盾，反而扩大了你们之间的裂痕。

当然，你也不要指望在发生矛盾后，领导会站在你的角度，说出一些共情你的话。毕竟位置不同，考虑问题的角度也不一样。最好的办法是你积极主动地寻找问题的症结，找到合适的解决办法，弥补你们之前因为沟通不畅而导致的裂痕。

如何及时有效地向领导汇报工作

🎤 讲话公式

结论＋方案

🎤 错误说法

"都怪××，要不是他拖后腿，我们的工作早就完成了。"

"目前我们的项目到了收尾环节，具体什么时候完成，我估摸着一个礼拜吧……呃，不对，还得三个礼拜，因为……"

"这批产品的合格率我估摸着能达到80%。"

🎤 话术示范

"上个季度，我们采用新的销售策略，成功地扩宽了客户群体，销售额增长了15%。"

"我们与市场部协同作战，密切沟通，已经解决了一些复杂的问题，项目会提前一个礼拜完成，目前客户非常满意我们的服务。"

当你年复一年、日复一日全力以赴地投入工作，勤勤恳恳地为公司尽职尽忠，却得不到上级的赏识和表扬，你有没有想过是什么原因？这时，你可能怨天尤人、牢骚满腹，但你一定要懂得，这不完全是领导的过错。试想一下，公司上上下下，里里外外，有多少人要领导操心过问？你的"被忽略"也情有可原。如果想要被领导赏识，首先要被领导看到；想要被领导看到，首先你得做个"有声音的人"。

当你完成了一件很棘手的任务，第一件事情便是先向你的领导汇报，让他知道你有聪明的头脑和快刀斩乱麻的能力，不光只会吃干饭。

千万牢记，不要等出了纰漏才想到去找领导。领导都喜欢能干的下属，如果你一贯精明干练，即使惹了麻烦，领导也能够予以谅解。最怕的是，你每次报告领导的都是"败走麦城"的坏消息。这样，你在领导心目中的印象一定很糟糕。

向领导"捷报频传"要注意以下几点：

第一，汇报已完成的工作。

我们要学会开门见山，先说结论。不要把时间用来描述你做的事，而是直接把结果告诉他。领导都很忙，用有限的时间报告领导最关心的事，这叫"利益销售法"。

说完结论，如果时间允许，可进一步详细说明过程。不过报告内容要尽可能简明扼要，并且记住先感谢别人，再提自己的功劳。

第二，汇报未完成的工作。

汇报未完成的工作时，我们可以用"开头＋进度＋成果"的话术模式。举个例子："张总，跟您汇报一下 ×× 工作的进展。目前的进度是 ××，已完成 ××，未完成 ××，预计在 × 天后完成。这个礼拜，经过我们的努力，已经取得了三个方面的成果：第一……；第二……；第三……"

第三，书面报告。

如果是项目成果的书面报告，一定要署上自己的名字，不要洋洋洒洒、下笔千言却忘了加上自己的名字，或者把直属主管、领导的名字统统写了上去，却唯独漏了自己的，那岂不是"功亏一篑"。

第四，不求讨赏，只求好印象。

报告完了，切勿立刻求赏，只要给领导留下好印象即可。否则，领导可能会觉得你太急功近利。只要你一次次赢得领导的肯定，天长日久，水到渠成，升迁晋级总会有你的份儿。

第五，分享好消息。

除了报告给你的领导，同时也可以把好消息分享给你的同事、部属，既赢得了好人缘，又造了"舆论"，让别人看到到你的"闪光点"。

做完蛋糕，要想到裱花，有了美丽的奶油花朵，蛋糕自然就会赢得人们的青睐。随时不忘报告领导，就是在自己的蛋糕上裱花，让领导为你喝彩。

第六，汇报工作四大禁忌。

跟领导汇报工作的时候，切忌犯如下四个错误：一、对于工作中犯的错误只字不提。这种逃避错误的态度极有可能给公司造成很大的损失，所以千万不要耍这个小聪明。二、给领导汇报工作频次过低。很多员工迫于领导的威严，生怕跟领导打交道，因此汇报工作也比较消极。大家一定要克服这种心理障碍，领导只有更多地获取底层信息，才能做出更为正确的决策。三、给领导汇报工作时不挑合适的时间，这样会严重影响汇报的效果。四、汇报工作时抓不住重点，讲不清事情的前因后果，说话没有逻辑，前后颠倒，思维混乱，给领导造成理解上的困扰。

如何高情商向上司"进谏"

🎙 讲话公式

以矛攻盾 + 引导和征询意见

🎙 错误说法

"经理，您刚才说的观点完全错误，我觉得事情应该这样处理……"

"经理，您的做法，我不敢苟同，我认为应该……"

🎙 话术示范

"我觉得，客户可能更喜欢这个方案，因为它里面添加了很多幽默诙谐的元素……"

"李总，如果我把这个方案第三点删掉，再增加……您觉得怎么样？"

在我们的周围，将不如卒、君不如臣的情况屡见不鲜，而能卒被庸将压抑、扼杀的情况同样层出不穷。如果你是一位聪明的小卒，却遇到了一位无能的将领；又或者你的上司尽管不是无能的将领，但有些问题他也无法解决，这时你该怎么办？作为一个有责任心的下属，在发现上司决策错误时，从维护公司利益出发，应对其提出忠告和建议。但怎样向上司"进谏"才能取得理想效果呢？

最理想的做法是多"引水"，少"开渠"。卡耐基曾经说过："如果你仅仅提出建议，而让别人自己去得出结论，让他觉得这个想法是他自己的，这样不更聪明吗？"多"引水"，少"开渠"的意思是说，对上司"进谏"，不要直接去点破上司的错误所在，或越俎代庖地替上司做出你所谓的正确决策，而是要用引导、试探、征询意见的方式，向上司讲明其决策、意见本身与实际情况不相符合，使上司在参考你所提出的建议后，水到渠成地做出你想要说的正确决策。

许多实践也表明，人们对于自己得出的看法，往往比别人强加给他的看法更加坚信不疑。因此，作为一个聪明的下属，要想使自己的看法变成上司的想法，在许多时候应仅仅做好引导工作，提出建议、提供资料，最后的结论留给上司自己去定夺。

我们在建言献策的过程中，要注意以下两点：

第一，多献"可"，少加"否"。

《左传·昭公二十年》云："臣献其可以去其否。"意思是说，臣子对君王应建议用可行的去代替不该做的。在下属向上司"进谏"时多献"可"，少加"否"，包括两层含义：其一，要多从正面去阐发自己的观点；其二，要少从反面去否定和批驳上司的意见，甚至要迂回变通地有意回避与上司的意见产生正面冲突。

例如：你是一位公司的部门经理，根据业务的发展情况，需要给你配一名专管业务的副手。这时你想提拔一位懂业务、有经验的下属担任此职，而上司却准备从其他部门派一名不懂这方面业务的外行人任职。在这种情况下，你可把话题多用在部门副经理应具备的条件和你所提人选已具备的条件上，而不应用在反驳上司所提候选人上。这样既可以避免与上司发生直接冲突，又能把话题保留在自己所提的人选上。

第二，多"桌下"，少"桌面"。

这里的"桌下"和"桌面"，分别指非正式场合和正式场合、私下交谈和当众交换意见。所谓多'桌下'，少'桌面'，就是说，下属向上司提出忠告时，要多利用非正式场合，少使用正式场合；尽量与上司私下交谈，避免对上司公开提意见。这样做不仅能给自己留有回旋余地，即使提出的意见出现失误，也不会有损自己在公众心目中的形象，而且有利于维护上司的自尊心，不致使上司陷入被动和难堪。

美国一位教授曾经说："人有时会很自然地改变自己的看法，但是如果有人当众说他错了，他会恼火，也会更加固执己见，甚至会全力维护自己的看法。这不是那种看法本身多么珍贵，而是他的自尊心受到了威胁。"

人人都有自尊心，人人都有维护自己尊严的本能。作为下属，即使在向上司"进谏"时，也莫忘记维护上司的尊严。

工作遇到"甩锅侠"，怎么回应

🎙 **讲话公式**

承认错误 + 说出真相

🎙 **错误说法**

"你们太欺负人了，这明明不是我的错！"

"出了问题，领导爱找谁找谁去，反正这个锅我不背。"

🎙 **话术示范**

"不好意思，张总，这件事情，我确实有责任。以后关于数据跟进的工作我不会麻烦小李了……"

"之前领导安排的工作，我已经在礼拜四提交给你了。收到回复之后，你没有提出新的修改意见，我就按照之前的工作安排继续进行，后续工作要辛苦你继续跟进呢！"

在职场上打拼，就算再尽职尽责，也难免会遭到身边别有用心之人的算计，一不小心就成了"背锅侠"。此时，你是气急败坏和他们理论辩驳，还是默默忍受独自吞下委屈呢？

以上两种方法皆非良策。面对"甩锅侠"，不妨先避开锋芒，然后再绝地反击。

举个例子：公司的策划小马辛辛苦苦地熬了很多个夜晚，才做好了一个项目策划案，结果同事小刘在这个策划案中填了几个数据，就把其当成自己的方案献给领导，抢了一波功劳。

领导看完方案后，既对小刘的策划能力表达了认可和赞扬，同时又指出了不足之处："这个方案有几个数据明显过时了，你怎么能犯这么明显的错误？"

让人意外的是，厚脸皮的小刘此时竟然推卸责任："这个数据部分是小马负责处理的。"

这个时候，作为受害者的小马，既不要急着跟他翻脸，也不要忍气吞声，否则要么给领导留下一个推诿狡辩的嫌疑，要么给同事留下软弱可欺的个人形象。

小马最明智的做法应该是，承认自己的错误，并且顺水推舟地把真相说出来。比如："不好意思李总，我写完初稿，原本想让小刘帮我校对一下，没想到他直接发给您了。是我事先没有沟通好，不怪他。15分钟后，我会把改好的稿子重新发给您。以后，我不会麻烦别人了。"

这一套说辞陈述完毕，既没有给领导留下坏印象，同时让领导看到真相。另外，在表面上也没有和那个小刘闹僵，正可谓一举多得。

当然，在职场上被扣"黑锅"的情况非常复杂，对象不同，情景不同，处理方法也不一样。下面我们为大家再介绍几种应对技巧，教大家优雅地把"黑锅"甩回去，这样既不会在明面上破坏同事关系，也不会给领导留下不好的印象，同时还不会让自己受窝囊气。如果你也有类似的困扰，不妨参考一二。

第一，明知故问。

当领导发来信息，气冲冲地质问你："为什么之前让你发的文件还没有发给我呢？你怎么对工作这么不上心呢？"你也许内心充满了委屈，暗自腹诽："可是我明明早就发给你了呀！"

如果此时你把心里话说出来，肯定会让领导在众人面前难堪，但独自背下这个不上心、不敬业的"黑锅"又让你心有不甘，这个时候，你不妨这样说："好的，那我再给您发一遍。"

"我再发一遍"这句话向众人透露了两层意思，第一，我已经发过了，可能你没有看见；第二，虽然你没有及时查收文件，责备了我，但我不跟你计较，我还可以给你再发一次。在释放善意的过程中，既甩掉了领导扣过来的"黑锅"，同时也保住了他的面子。

当然，我们不仅要学会"接锅"，还要学会"绑锅"，让领导知道，"我们是一根绳上的蚂蚱，你不要妄图把责任都推给我"。举个例子，"张总，你批评得很有道理。以后在执行过程中，我一定会及时跟您沟通，把大致的工作思路汇报给您，确保按照您的指示，将方案有效落地。"

这句话的言下之意是，这个工作思路不是我决定的，以后出了问题，也不能将过错全都算在我一个人头上。

如果"绑锅"策略不切合实际，我们还可以采用"碎锅"策略。具体是指将问题推出去，把锅直接碎在别人手里，这样领导和我们都不用承担责任，这是一种双赢的策略。

举个例子，"李总，您说得对。在来之前，我已经将问题分析了一遍，咱们这次之所以出现这么大的问题，其实关键不是咱们内部人员出现失误，而是客户那边临时有变动，导致出现一系列的问题。"

"把问题分析一遍"，是告诉领导你对这件事很重视，早早就做好应对的准备。接着话锋一转，将矛盾归结在客户身上，这样可以防止大家在出了问题时，乱了阵脚，相互"甩锅"。当然，为了避免给领导留下推卸责任的嫌疑，我们还可以向领导表态："张总，我们以后会做好相关的应急预案，以防类似的情况再次发生。"

另外，我们还可以事先跟客户沟通，证实对方是问题的直接责任人，以此增加说服力。

第二，接一半，甩一半。

领导给同事下达了一个棘手的任务，结果同事以"手头忙，没时间为由"拒绝了领导，并且他还把这个"烫手山芋"转手推给你，这个时候，你可以这样说："交给我也行。如果这件事情真的特别重要的话，我也只能把手头的事情放一下，先把这件事做了。"

这句话看似轻描淡写，其实已经向领导传达了两个信息：一、我和他一样忙，没时间做这件事情；二、我可以配合你们，但是具体怎么配合，听你的。这样又把决策权推给了领导。

拒绝同事要求时，如何不伤害关系

🎤 **讲话公式**

佯装尽力 + 顺水推舟

🎤 **错误说法**

"不行，我还有自己的事情要忙，你的问题自己处理吧！"

"这是你的责任，凭什么推给我？"

"你问问张总，他要是同意我参与，那我就帮你做。"

🎤 **话术示范**

"实在抱歉，手头上有个紧急任务，是黄总安排的，他急着要，我实在是没办法抽出时间来帮你。"

"行，既然你找我了，我肯定要帮你这忙。不过这部分业务我不太熟悉，请你把相关的所有资料整理出来发给我，等我把手头的紧急事情忙完了，就给你看看。"

同事委托你做某事时，你要善加考虑，这件事自己是否能胜任？是否在自己的职责范围之内？然后再做决定。如果只是为了一时的情面，即使是无法做到的事也接受下来，这并非好事。你自己察觉到实在是做不到的事，就应明确地表明态度，说："对不起！我不能接受。"这才是真正有勇气的人。否则，你就会误大事。

不过，拒绝要讲究方法，采用什么方法才能不得罪同事，这里面也是很有学问的。我们这里给大家提供一个话术公式：佯装尽力＋顺水推舟，大家可以参考一下。

具体来说，就是当同事提出某种要求而你却无法满足时，那就设法给他造成一种你已尽全力的错觉，让他自动放弃其要求。

比如，"你的意思我懂了，请放心，我保证全力以赴去做。"

过几天再告诉他："这几天因急事出差，等下星期回来，我再处理。"又过几天，再告诉他："不好意思，刚刚出差回来，家里有事，我不得不请假去……，这个事情恐怕得麻烦您自己做。"尽管事情最后不了了之，但你也没有给同事留下坏印象，因为你已造成"尽力而为"的假象，他也就不会再怪罪你了。

通常情况下，人们对自己提出的要求总是念念不忘。但如果长时间得不到回音，就会认为对方不重视自己的问题，反感、不满等诸多负面情绪由此而生。相反，即使不能满足同事的要求，只要能做出些样子，对方就不会抱怨，甚至会对你心存感激，主动撤回让你为难的要求。

当然，拒绝他人不仅仅是上面介绍的这一种办法，如果你还想知道更多，那么不妨了解一下下面的这几种拒绝策略。

第一，触类相喻，委婉说"不"。

当同事提出一件让你难以做到的事时，如果你直言答复做不到时，可能会让他损失颜面。这时，你不妨说出一件与此类似的事情，让他自己察觉问题的难度，而主动放弃这个要求。

第二，利用团队掩饰自己说"不"。

例如，你被同事要求做某一件事时，其实很想拒绝，可是又说不出来，这时候，你不妨拜托其他两位同事，和你一起到提出要求的同事那里去讨论。这并非所谓的三人战术，而是依靠团队替你作掩护来说"不"。

首先，商量好谁是赞成的那一方，谁是反对的那一方，然后在同事面前争论。反对的一方一定要胜过赞成的一方。一会儿后，你再出面轻轻地说："原来如此，那可能太牵强了。"你的态度借机靠向反对的那一方。

这样一来，你可以不必直接向同事说"不"，就能表明自己的态度。这种方法会给人"你们是经过激烈讨论后，绞尽脑汁才下结论"的印象，同事会很自然地自动放弃对你的命令。而包含提出要求的那位同事在内的全体人士，都不会有哪一方受到伤害的感觉。

第三，"狐假虎威"，用领导的命令做挡箭牌。

比如，你掌握着公司仓库的钥匙。有一次，同事要求你打开仓库，看一看里面新调来的产品样式。这个时候，你非常为难，如果直接拒绝，同事也许会记恨你。如果直接放行，你会违反公司的规定，很有可能受到处罚。

此时最明智的做法是搬出领导，为自己开脱："实在不好意思，就在刚刚曹总还特意跑过来嘱咐我，没有他的批条，谁都不能踏入仓库，否则会扣我工资，望您理解。"通常来说，同事知道你的为难之处，便会撤回自己的不合理要求。

第五章

即兴发言万能公式

酒局饭局上轮到你敬酒

🎤 **讲话公式**

感谢 + 过去 + 祝福

🎤 **错误说法**

"你不喝就是不给我面子。"

"你不喝就是不尊重领导。"

"我这个人没啥本事，不像你有能力有气质。"

"今天天气不错。""今天大家都很高兴。""今天的菜很好吃。"

🎤 **话术示范**

"您在销售领域的成就让我佩服。"

"今天是我们公司十周年的庆典，在这个特殊日子里，请允许我……"

"今天有幸邀请到 ×× 集团的 × 总，让我们全体起立，用热烈的掌声表达对 × 总的欢迎……"

身处职场，逢年过节，领导总会组个局，让各个部门的同事们聚一聚。在彼此的交流沟通中培养大家的感情，提升大家的干劲和信心，增加员工的凝聚力。在觥筹交错间，你如果被邀请站起来即兴发言，怎么说才显得大方得体呢？下面给大家提供一个讲话模板：感激＋反思＋祝福。

在饭局讲话时，发言者首先可以感谢组局者："非常感谢 × 总今天组的局，我是 ×××，很高兴认识大家。"

接着可逐一感谢公司的领导，以及各个部门的人。比如，"相识相聚是一种缘分，与大家共事的这段时间，我受益良多，心里也有很多的话想对大家说：首先，谢谢 × 总，平时在工作中您没少提点我，给我指明了正确的方向。而且我犯了错误，您也总是愿意包容我，给我成长的机会。真的特别感谢您，感谢您一直以来的关心和教导，在此我保证，以后会更加认真努力地工作，不负您的期望，再接再厉！来，这杯酒，我敬您！"

"其次，我要敬和我一起并肩同行的 ××（同事），和你一起工作，我真的非常开心。从你身上我学到很多东西，比如……（举例子），这杯酒，我敬你，感谢你在工作中对我的帮助。最后，我想敬一下 ×× 部的同事，我是 ×× 部的 ×××，这一年你们辛苦了，希望以后多多关照，我先干为敬，大家随意！"

感谢领导的话，不要太多，一般套用"感激＋决心"的话术模板，既可表现自己的诚意，又显得不怯场。在向领导展示自己的工作态度和决心的同时，也能获得领导的好感，增强他对你的信任，大家需要的时候可以试一试。

在工作中，和同事共同完成某个项目是常有的事情。在此过程中，有互帮互助的时候，也有意见向左的时候，更有为了某个问题争得面红耳赤的时候。对于曾经鼎力帮助过自己的人，我们敬酒的时候，一定要真挚地表达敬意和感谢。对于那些交集不多的人，我们可以粗略提及一下，以免冷落了他们。

而对于那些发生过摩擦的人，我们也要借着这个机会缓和一下关系。比如，"在平日的工作里，因为我的性格（知识、工作能力）的缺点，给大家或许造成了困扰，让你们无形中增加了不愉快，今天我先自罚一杯酒，以示歉意。在此同时，我也希望今后的自己犯错会越来越少，也希望各位领导、各位前辈、各位同事，都随时监督我，哪里做的不好了，一定给我指出来，非常感谢大家！"

这番话看似反思和自责，其实能彰显自己的胸怀和大度，大家会惊讶于你的觉悟，会在心里为你竖起大拇指。

最后，还可送出真挚的祝福，这样能升华说话的主题，获得大家的认可和喜爱。比如，"借助这次聚餐的机会，祝福我们公司在新的一年里蓬勃发展，日胜一日，财运滚滚，再创辉煌。也祝福我们的同事事业长虹节节高，扶摇直上九万里。"

此外，需要注意的是，在敬酒的过程中，我们不可以强人所难，我们不能用面子绑架他人，更不能让别人为了我们的面子而牺牲自身的健康，否则会显得我们没有礼貌、没有教养。

另外，也不能说一些太过于贬低自己、奉承别人的话，这样会让人听得很不舒服，有点刻意和做作的嫌疑，反而会失去对方的信任。最后，尽量避免话术过于平淡、没有情感，否则会给人一种敷衍的感觉。

朋友聚会被邀请发言

🎤 讲话公式

感谢 + 回顾 + 祝福

🎤 错误说法

"××飞黄腾达了，带着我一起发财啊！"

"我现在生活的压力很大，不知道该怎么办？"

"记得你以前就是个土妞，我们还给你起了个外号……"

🎤 话术示范

"愿十年以后我提着老酒，愿我们十年以后还是老友。"

"今日得欢聚，他日常联系。"

"让我们共同举杯，为地久天长的友谊干杯！"

逢年过节的时候，聚会成为朋友之间联络感情必不可少的一种手段。如果在此时你突然被邀请发言，该怎么说呢？是手足无措、沉默不语，还是滔滔不绝、妙语连珠呢？如果你不想让聚会的氛围变得尴尬，并且想通过得体大方的发言给自己长面子，那么不妨用这个万能讲话公式：感谢 + 回顾 + 祝福。

举个例子，"非常感谢大家给我这个发言的机会，也感谢××牵头组织这次活动。"这句开场白首先表达了发言者对此次发言机会的感谢，同时将组织者的重要作用也强调了一下，这对于组织者而言，是对他辛苦付出的一种肯定和慰藉，这样的话会让组织者心头一暖，瞬间对你产生好感。

接着，我们可以回顾一下朋友之间曾经的过往："我们几个都是从小一起长大的好朋友。今天聚会，我看见大家，仿佛一下子回到了曾经上树捉鸟、下河捞鱼的日子。生活和学习的点点滴滴，大家都一起手牵手共同经历过。而且人生的每个重要时刻，我们总是很默契地站在一起，互相扶持、互相鼓励，就算长大了，这份友谊依旧坚不可摧。我很庆幸，我的青春岁月里有你们这样一群人。每每回忆过去的点点滴滴，我都会笑出声来。"

这段回忆过往的话术很具有感染力，能迅速勾起大家的种种回忆，同时也深切地表达了你对这份友谊的重视和珍惜。

最后，我们可以送上对朋友的祝福："友谊是人生旅途中寂寞心灵的良伴，今后我们无论身在何处、身居何位，最难忘的还是心中的朋友。我真心祝各位朋友工作顺利，家庭幸福！接下来大家吃好喝好！"

整个发言过程大方得体、全面周到，值得大家学习借鉴。不过，需要注意的是，我们在引用的过程中，可根据实际情况做删减或者修改，照搬全科的话，会让你的发言失真，且缺乏感染力。

另外，要提醒大家，朋友聚会，说话要有所禁忌，不能仗着大家关系好就口无遮拦。首先，我们一定要摆正自己的位置。大家都是平等的个体，不能因为自己最近发了点小财，或者升了官职，就说一些瞧不起人的话，这些炫耀和显摆的话很容易伤害大家的感情，同时也会破坏现场的氛围。

其次，朋友聚会不要去揭别人的伤疤。比如，"听说你老公去年出轨了，现在怎么样了，你还跟他过不过了？"对于那个曾经受过伤害的人而言，这样的话无疑是在她的伤口撒盐，在公众场合揭别人的伤疤，既伤害了别人的尊严，又降低了自己的格调，实在要不得。

另外，朋友聚会也不要一味地向别人诉苦。比如，"我的命很苦，自从嫁给××，他的爸爸妈妈经常刁难我，他也不站在我这边替我说话。唉，每次吵架气得半死……"这些负能量的话没有人喜欢听，谁也不想跟一个祥林嫂式的悲情人物交朋友。

最后，朋友聚会也不要问一些敏感话题。比如"你什么时候结婚？""你年纪也不小了，为什么还不生孩子？""你对象一个月赚多少钱？"涉及财务状况、感情生活、家庭问题的话不要说，也不要问，以免引起不必要的尴尬和矛盾。

酒宴上送别他人

🎙 **讲话公式**

点题 + 感谢 + 祝福

🎙 **错误说法**

"祝你们一路顺风，到了记得给我发个短信。"（送别乘飞机出行的人）

"路上开慢点，注意安全，一路走好！"

🎙 **话术示范**

"愿你在新的环境生活得开心幸福，同时也不要忘记我们之间的情谊。"

"感谢你在我生命中留下的美好回忆，祝你未来的路上一切顺利。"

"祝福你在新的旅程中一切顺利，希望我们很快能再次相聚。"

"虽然我们要暂时分别，但我们的友谊将永远长存。期待我们下次的重逢。"

人生自古多离别，离别是我们生活中绕不开的一个话题。面对分离，古人写出了"慈母手中线，游子身上衣""醉不成欢惨将别，别时茫茫将浸月""执手相看泪眼，竟无语凝噎"的千古名句。如果我们某天也像他们一样要经历离别之苦，又说点什么呢？

此时，我们可以参考这个送别公式：点明主题＋感谢＋祝福。

下面我们以升学饯行为例，为大家做一个示范。首先，发言人可以直接点明宴会主题："尊敬的各位来宾，女士们、先生们：在这天高云淡、秋风习习的日子里，我们欢聚一堂，恭贺 ××、×× 夫妇的公子 ×× 金榜题名，被 ×× 大学录取了。"

接着可以表明自己的态度，表达对来宾的欢迎和感谢："承蒙来宾们的深情厚谊，我首先代表 ×× 先生、×× 女士和 ×× 同学，对你们的到来，表示最热诚的欢迎和最衷心的感谢！"

最后用三杯酒分别祝福即将远行的 ×× 同学，他的家人，以及到处的来宾：

"我提议，第一杯酒，为英才饯行！ ×× 同学即将远离亲人、远离家乡挑战人生，请接受我们共同的祝福：海阔凭鱼跃，天高任鸟飞！

"第二杯酒，祝愿 ×× 全家一帆风顺、二龙腾飞、三阳开泰、四季平安、五福临门、六六大顺、七星高照、八方走运、九九同心、十全十美。

"第三杯酒，祝各位来宾身体健康、工作顺利、万事如意！朋友们，干杯！"

上面提到的这个讲话公式具有普遍性，适用于不同的送别场合。不过，针对不同的送别对象，我们需要适当调整自己的话术。

比如，如果送别朋友，我们在表达感谢的同时，也可以回顾过往一些难忘的事情，以表达对友情的重视和难忘。举个例子，"你是我生命中很重要的一个人，还记得在我最困难的时候，你毫不犹豫地伸出援手，把我从生活的低谷拉出来，你的存在让我感到温暖和安心，我真的非常感谢你的支持、鼓励和陪伴。有你在身边的那段日子，我们一起经历过……，如今我们虽然即将分别，但我相信，真正的友谊不会因距离而消散。"

再比如，在领导欢送会上，我们可以回顾他们曾经的功绩，表达对他们的感谢："×市建市伊始，是一个非常贫穷与落后的地区，面对困境，我们不动摇、不气馁，是你们坚持'团结、实干、开拓、奉献'的×市精神，求实奉献、忘我工作，带领全市人民达到了温饱水平……各位领导，你们的工作，我们不会忘记！你们对×市的贡献，×市人民不会忘记！在此，我再次提议，让我们以最热烈的掌声，对你们的成绩表示祝贺！对你们给×市所做出的卓越贡献表示衷心的感谢！"

总之，送别的对象不同，对应的话术也有所区别。不过，不管送别什么人，说话都要讲究方式方法，不可信口开河。一般来说，离别之际忌讳说"走"，因为它有另外一层悼念亡者的意思。比如，"张总，您走好，一路平安！"听完这句话，他有可能会跟你翻脸，认为你这是在诅咒他。

另外，分开的时候也不要说一些消极的话，比如，"你以后到另外一个城市生活，会不会过不下去呀？""你离开以后我可怎么活！"这些丧气的话不要当着送别的人说，即使你出于关心和不舍的目的，也不能说，否则会影响大家的心情。

家庭聚会站起来讲话

🎙 讲话公式

问候 + 感激 + 祝福

🎙 错误说法

"这个龙虾口感还行，不过没有我吃过的那个澳洲龙虾好吃，那肉质，那口感，实在是太棒了，咱们这国产的龙虾比不了。"

"你们都有本事，过得体面潇洒，不像我生活得凄风苦雨，唉，一个人拖着三个孩子，实在是太不容易了，我这是什么命啊！"

"你家儿子干什么的？一个月挣多少钱？"

"我女儿毕业后进了国企，每个月工资上万……上个礼拜非要给我寄一千块的毛衣，真是的，也不知道瞎花这些钱干什么！"

🎙 话术示范

"成年人最幸福的时候，就是一家人聚在一起，团团圆圆，和和睦睦，快快乐乐！"

"新年到，春意闹，酒香四溢人欢笑。值此新春佳节，我敬各位长辈一杯，愿你们在新的一年里，身体健康，龙马精神，家庭幸福，万事如意！让我们共同举杯，为新年干杯！"

"过年最幸福的就是大家聚在一起，平凡又快乐地吃年夜饭，一起跨年看春晚。"

"愿我们的家庭在新的一年充满爱与温暖，每个人都能实现自己的小目标，幸福美满！"

逢年过节之时，家庭聚会总是难以避免。作为参与聚会的一分子，如果我们身处这种场合，被邀请站起来即兴讲几句，应该怎么说呢？是以"不会说"为由推脱，闷头吃饭，还是落落大方地站起来，认真回应？相信对于大部分的内向人来说，每次当众发言都是一次劫难，就算是站在最熟悉的人跟前，也会表现得很难为情，甚至不知道该说些什么。

下面我们为大家提供一个讲话公式：节日问候＋感激＋祝福，大家可以做一个参考。

举个例子，"敬爱的长辈们：晚上好！新春共饮团圆酒，家家幸福过新年。在今天这个辞旧迎新的日子里，我谨代表晚辈们，对在座的各位长辈说一声：新年快乐！

"在生命的旅途中，感谢您们的扶持和安慰，让我们在疲惫时停留在爱的港湾，沐浴着温暖的目光，在困难时听到不懈的激励。谢谢，感谢有您们陪伴！

"在此新春佳节之际，祝愿长辈们在新的一年里身体健康、心情愉快、生活幸福。干杯！"

在上面这段即兴发言中，发言人首先向大家致以节日的问候，问候完毕，接着讲了些感谢长辈的话，最后表达了对他们的祝福。整个话术模板，有理有节，层次分明，逻辑清晰，简单易学，大家需要的话可以套用一下。

当然了，这个话术模板也不是固定不变的，大家可以根据实际情况做出调整。比如，可以回顾一下这些年大家共同经历的时光，表达一下自己此时此刻的心情。举个例子，"随着时间的流逝，我们这些一起玩到大的兄弟姐妹如今都已经长大了，有了自己的家庭和事业，平时为了生活奔波忙碌，很难聚在一起。今天难得有机会坐在一张桌子吃饭，真是太开心了。"这些话能激发大家美好的回忆，也能引发大家的共鸣。

另外，如果聚会的人比较多，各个年龄层级的人都有，那你发言的时候不能只针对长辈，还要捎带上其他人。比如，"我代表我和我的家人敬大家一杯。祝愿长辈们身体健康，万事顺心；祝福成家的兄弟姐妹们子女听话、步步高升、财源滚滚；祝福单身的在今年能找到心上人；祝福小朋友们学习进步，成绩更上一层楼。"这样就把每个年龄段的人都祝福了一遍，而被提及的人获得关注和重视，心里暖暖的，自然就会对你产生一定的好感。

另外，需要提醒大家，在家庭聚会时，有些话是不适宜说的。比如，对年长的人说："别问了，给你说了，你也不懂！"再比如，对妻子说："你烦不烦？"还比如，对孩子说："你真是笨死了，你看看××家的孩子，人家多聪明。"

在现实生活中，有些人过得不如意，个人价值感极低，为了找回存在感，故意在这种人多的场合对那些比自己弱势的人耍威风，以此彰显自己的地位，殊不知，这样的举动不仅不会让你被别人高看一眼，反而大家会觉得你素质低下，不可近交。

最后提醒大家，在这种场合中，我们不要四处打听别人的隐私，也不要戳他人的痛点，揭人家的伤疤，更不要炫耀自己，这样只会降低别人对你的好感。

同学聚会被邀请发言

🎤 讲话公式

表达心情＋三杯祝福酒

🎤 错误说法

"刘总，您真厉害，张罗这么大的事儿，没两下子可真不行，我真佩服您。"

"老同学，来咱们多喝几杯，宁可让胃喝个洞，不让感情留个缝。"

"不是我吹，如今方圆几十里地，没有我××搞不定的事儿……"

🎤 话术示范

"今天真的特别高兴，因为大家终于从城市的四面八方又重新团聚在一起，实在是不容易。"

"来，为我们的同学情谊干一杯！愿我们的未来更好！"

"来，干杯！敬我们不变的同学情谊，敬我们年少轻狂时的青葱岁月，敬我们收获满满的现在，也敬我们光明而美好的明天，祝成家的同学子女听话、财运滚滚、万事顺意；祝单身的同学早日找到心仪的另一半，从此开启幸福的生活。"

　　每个人的一生都要经历亲情、爱情，还有友情。在友情当中，最纯粹、最质朴的莫过于同学情。如果我们把记忆拉回二三十年前，那昔日一幕幕往事就如电影般在眼前闪现：我们一起承受过考试的压力，一起走过叛逆的日子，一起经历过成长的烦恼，一起感受过肆意飞扬的青春，纯真岁月里凝结的浓浓友情，如同暖流在我们的心间流淌。

　　在同学聚会时，如果你被人邀请即兴说几句话，又该如何开口呢？相信大部分人都百感交集，但无从开口，这个时候，我们不妨套用这个讲话公式：表达心情＋三杯祝福酒。

　　举个例子，"尊敬的老师，亲爱的同学们，大家好！此时此刻，面对当年的恩师，面对昔日的同窗好友，我的心情异常激动，心里有无数的话想对大家说。"

　　时光如电，岁月如梭，十几年未曾见面的老同学此刻欢聚一堂，自然是心潮澎湃，感慨万千。所以，我们首先可以表达自己的心情，接着针对三个不同的群体，分别敬他们三杯酒：

　　"第一杯敬老师，您是我人生路上的启蒙者、领路人，我上学那会儿实在是太调皮了，心思也没有放在学习上。您为了让我好好读书，没少操心，口苦婆心的训导至今言犹在耳，我非常感谢您。我敬您一杯，您注意身体，随意就好。

　　"第二杯敬我们聚会的发起人××、××和××，你们为此次聚会做了精心的策划和安排，感谢你们辛勤的工作和无私的付出，来，敬你们一杯！

　　"第三杯敬同学们，茫茫人海，很幸运有你们这样的朋友陪我一起度过初中难忘的三年时光。在分别十几年后的今天，大家再次相聚在这里，实属不易，来，为我们的缘分和友谊干一杯，祝我们的老师健康长寿，也祝我们的友谊天长地久！"

　　整段致词主题明确，脉络清晰，分别表达了对老师、聚会发起人、同学的感激和重视，以及美好的祝福。这是一个不错的参考模板，大家如果有这方面的需求，可以参考一二。

当然，同学聚会我们除了要当众讲话之外，也免不了和周围的同学叙旧。在此过程中，我们可以侃侃而谈，畅所欲言，但同时也要顾及他人的感受，不要独占话题，也不要霸占他人说话的机会，更不要一直说自己的事情；否则别人会有一种被忽略的不适感。

另外，毕业后的十几年，大家都发生了翻天覆地的变化。有的人落魄，有的人发财，身份地位也有很大的悬殊，作为曾经的老同学，我们不能对身处低谷的人无视、嘲笑、打击，也不能对有身份有地位的人曲意逢迎、阿谀奉承，这样的嘴脸很讨人厌。大家团聚在这里，目的是为了重温昔日的友谊，找回青春的记忆，不是为了互相攀比、互相炫耀的，所以不要让你功利性的话语破坏了团聚的温馨氛围。

最后，同学聚会不要使劲灌别人酒。比如，"老同学几年不见，甚是想念，来，咱们今天好好喝几杯，喝不醉，谁也不许回家。"同学情谊不是建立在酒杯之上的，所以劝酒的话不要说，要知道，小酌怡情，大喝伤身，如果你把握不好分寸，劝酒致他人发生意外，那便是一辈子的遗憾。

第六章

上台发言万能公式

公司年会总结发言

🎤 讲话公式

感谢 + 感受 + 愿景

🎤 错误说法

"今年公司的业绩之所以这样突出，跟我本人的努力息息相关。"

"我不太会讲话，也没什么好说的。"

🎤 话术示范

"在张总的带领下，在同事们的大力帮助下，我们策划部共同完成了以下几项重点工作……"

"今年重点工作和项目推进工作时间紧、任务重、困难多，能够按时全面完成，这对于我们来说，是一个重大的考验。"

在工作过程中，我们常常会碰到各种各样的活动和会议，年终总结大会便是其中之一。在年会中，如果我们被领导叫起来上台发言，是否能够镇定从容、侃侃而谈呢？如果不能，大家不妨参考这个常见的话术模板：感谢 + 感受 + 愿景。

首先，我们可以表达一下感谢："各位领导、同事，借此机会，感谢各位对我工作的帮助和支持，非常感谢大家！"

接着，我们可以阐述一下自己的感受："和大家共事的这几年，我很开心。尽管在平常的工作中，我们会遇到很多困难和挑战，但是大家互帮互助、互勉互进、共同出力，为公司的发展添砖加瓦。说实在的，能在这样一个团结温馨的队伍里工作，我倍感荣幸。"

最后，我们可以表达自己的愿景："新的一年，愿我们的公司立足新的起点，迈上新的征程，开创新的辉煌。"

当然，年会总结的公式不是一成不变的，我们也可以以"过去＋现在＋未来"的讲话思路展开。举个例子："过去的三年里，我们团队所有人齐心协力，解决了一个又一个难题，化解了一个又一个矛盾，最终成功完成了数十个项目。这是一段充满激情的岁月，也是一段值得回忆的时光。现在的我们在经历了重重考验之后，工作能力有了质的提升，做起项目来也游刃有余，大家所取得的成绩远远超出了预期，我真的非常感谢有你们。未来希望我们依旧并肩前行，做出更多成绩，为公司的未来创造新的辉煌。"

当然，上面介绍的是简约版的话术，如果你想具体展开，也未尝不可。举个例子："刚刚过去的 2024 年，我们取得了一些不错的成绩。新的一年，我们的标杆绝对不能降低，工作绝不能松劲。2025 年我们就公司的经营工作进行了详细的安排和部署……第一，……；第二，……；第三，……。"

不过，我们的工作总结，不管是详细还是具体，不管是回顾过去还是展望未来，都需要具备客观性。我们要以事实为依据，不得主观地胡乱猜测。在描述业绩时，实事求是，不吹嘘；重点突出，不啰嗦；条理清晰，不杂乱。反思问题时要认真思考、深入研究、有理有据，不能照搬往年的总结话术，这样总结出来的问题不痛不痒、空洞泛泛，一点意义都没有。

另外，年终总结要详略得当，不繁杂冗长。对于重点工作和核心任务，我们可以浓墨重彩，重点强调；对于一些细枝末节的小事，可以分类合并，一笔带过。这样才能做到主次分明、层次清晰。

最后，在年终总结报告中，不能只突出自己，不强调别人。公司取得的成绩是团队努力的结果，个人的能力再强，也需要通过领导的指导、同事的合作，才能完成。独木难成林，一个人是根本无法完成重要的工作任务的，这一点大家一定要牢牢地记住。

被领导表扬上台发言

讲话公式

谦虚 + 感谢 + 表态

错误说法

"其实，我也没什么好说的。"

"张总有眼光，我在 ×× 方面经验丰富……"

"这都是领导的功劳，我没做什么！"

话术示范

"非常感谢您的认可，这份荣誉让我倍感荣幸。"

"我很感恩，也会继续努力，不断提升自己的工作能力。"

"这是团队的功劳，感谢团队的支持和帮助。"

在公司会议上，被领导点名表扬是一件值得开心的事情。可我们在开心之余，也应该用一段高情商的话，对领导的表扬做出回应，这样才显得自己大方得体，更加值得领导信赖。如果只是简单地说声"谢谢"，会让整个场面显得尴尬无趣。那么，什么样的回复才算高情商回应呢？

首先，可以表达对领导的感谢，表现出谦卑和认真的态度，让领导感受到你对这份表扬的珍视，给他留下一个谦逊有礼的良好形象。

比如，"非常感谢您的认可，今天我真是受宠若惊。不过，在优秀前辈和经验丰富的同事面前，我还是个新手，进步的空间还很大。"

其次，还可以表达对公司以及同事的感谢："其实，我能取得一些成绩，要特别感谢领导给我们搭建了这样一个好的平台，让我有发挥的舞台。另外，我的工作之所以开展得这么顺利，离不开领导的正确引导和同事的协作配合。我真的特别开心，从大家身上我学习到很多知识，这是我职业生涯里一笔宝贵的财富。"

这是一句思虑周全的话，一个人的成功确实不能仅仅归功于个人，平台的搭建以及同事的协作都很重要。在提及别人功劳的同时，也能为自己博得一个好人缘。另外，这句话也会让领导觉得你是一个注重团队合作、心存感恩的人。

最后，发言人还可以向领导表态："在接下来的时间里，我会不断努力，积累经验，不断提升自己的专业水平，交出更加满意的成绩，不辜负领导的重托，也不辜负团队的信任。在未来的一年里，相信经过我们团队成员的紧密携手、精诚协作，一定能再创辉煌。"

这样的话就像给领导吃了一颗定心丸，因此可以更加得到领导的赏识和认可。

提醒大家，当我们被领导表扬之后，不要表现得太过于刻意和做作。比如："都是您指导得好，有您这样的领导才会有我们这样的下属。"这样的话有"拍马屁"的嫌疑，会让领导反感，也会让同事看不起你。当然，也不能过于骄傲，把功劳都揽在自己身上，这样也会惹得大家厌恶。

另外，被领导表扬之后，不能只是简单地说声"谢谢"，也不能只是客气地说"哪里哪里"，更不能拆领导的台。

明智的做法是先退一步，压低自己，然后再上前一步把领导夸你的事情都归功到领导身上，这样说就没有"拍马屁"的嫌疑，领导会非常受用。

　　举个例子，领导表扬你这次活动组织得不错，然后你上台回应："这次活动总体来说还比较理想，但是我们感觉有些地方还有待完善，我们下来认真复盘了一下，觉得应该像您平日教导的那样，活动前要搞清楚目标用户，发挥创新精神，这样才能让用户眼前一亮。"

孩子生日宴父母上台发言

🎤 讲话公式

感谢 + 回顾 + 祝福

🎤 错误说法

"我订了本市最贵的酒店、最贵的套餐，一会儿大家吃好喝好。"

"今天是你的生日，爸爸希望你以后改掉生活中的坏毛病，做一个听话懂事的孩子。"

🎤 话术示范

"××的成长离不开各位长辈和朋友的关爱，希望大家能一如既往地鼓励和支持他，这样他会获得更多前行的动力。"

"孩子，祝你生日快乐，愿你的每一天都有快乐陪伴，有幸福相随，健康快乐地成长！"

"在这个特殊的日子里，愿你绽放出最美丽的笑容，度过最快乐的生日！"

孩子的生日对于父母来说，是值得庆贺的节日，尤其是满月、百天、周岁、12岁生日、成人礼……这些都是值得我们隆重庆祝的时间节点。这个时候，父母会大摆筵席，为孩子打造一个大型的童话故事现场，并且亲朋好友也会从四面八方赶来共同庆祝。

在这种盛大的场合中，父母往往会被主持人邀请上台讲话，此时应该怎样致辞才能赢得满堂喝彩呢？大家可以参考这个话术公式：感谢＋回顾＋祝福。

首先，父母可以点明宴会主题，并致欢迎辞："尊敬的亲朋好友，大家晚上好，今天是我女儿 12 岁的生日，我代表全家对各位的到来表示最衷心的感谢，欢迎大家在百忙之中前来参加孩子的生日宴。"

其次，可以回顾孩子的成长历程，比如，"时间过得真快，还记得我女儿呱呱坠地、牙牙学语的样子，如今一转眼就长成亭亭玉立的大姑娘了……"

最后，举杯祝福到场的宾客："借此机会，略备薄酒表达我们的谢意，谢谢大家的光临！祝大家身体健康，生活美满，万事胜意！"

当然，在这个特殊的日子里，如果发言者心有所感，还可以向这场宴会的小寿星说一些心里话。具体来说，表达的内容大致可以分为五个方向：

第一，强调孩子的价值，感谢孩子的陪伴。比如，"宝贝，你是上天赐予爸爸妈妈的最珍贵的礼物，谢谢你的到来，让我们的人生变得更加完整和幸福。"

身为父母，我们常常因为孩子的调皮或者工作的压力，说一些伤害孩子的话，比如，"看看你，给妈妈添了多少麻烦。""爸爸妈妈这么辛苦，还不是为了你。"这些话给孩子带来愧疚感，也带来压力。事实上，只有我们自己知道，养育孩子是一件痛并快乐的事情，有时候他们给我们带来的温暖和感动是无法用金钱衡量的，而且我们也乐在其中。所以，在这个特殊的日子，也好好感谢一下他们。

第二，提出希冀。比如，"宝贝，今天是属于你的节日，妈妈希望你不管多大，都能永葆童心，做一个简单而善良的人。"孩子听到父母这样简单的要求，会感到幸福而温暖。

第三，表达愿望。比如，"孩子，你的人生也许平淡无奇，也许光辉灿烂，但不管是哪一种，妈妈只希望你健康平安快乐。虽然所有人都在乎你飞得高不高，但妈妈永远只关心你飞得累不累。"

父母的愿望总是朴实无华的，但这也正是他们爱的体现。这种毫无负担的爱对于孩子而言就是最好的生日礼物。

第四，正向引导。比如，"宝贝，妈妈以前是一个爱哭的小姑娘，后来只要一想到我的宝贝需要我，我就会充满力量，勇敢地面对一切困难，谢谢你让我成为了更好的自己。"

这句话看似在感谢孩子，其实在引导孩子成为一个坚强乐观、积极进取的人。

第五，树立孩子的人生观。比如，"宝贝，你就做你自己，爱你的人自然会爱你，活着不是为了变成别人喜欢的样子，而是成为自己真正想要成为的人。"

12岁正是孩子人生观、价值观形成的重要时期。这个时候，父母掷地有声地告诉他正确的人生观，对于孩子而言意义深远，并且他也会牢牢记住这份无价的生日嘱咐。

总之，在这个充满仪式感的日子里，孩子作为宴会的主角，应该收获来自父母更多的温暖、关爱和祝福。作为父母，不能当众摆出一副家长的派头、教训孩子，给孩子带来负面的影响。

比如，贬低孩子的话："你都12岁了，连这个也不会做吗？""你怎么这么笨呢！你看看××家孩子，比你小，她做得都比你好，你好好跟人家学一学。"再比如，不尊重孩子的话："你个小屁孩，你懂什么？"还比如，不重视孩子的话："你想要的礼物，爸爸忘记给你买了。"这些话极大地伤害了孩子的自尊心，也会恶化亲子关系，所以，作为父母绝不能在精神上如此虐待孩子，否则他可能一生都走不出这场生日宴的阴影。

毕业典礼上台发言

🎤 讲话公式

感谢 + 回顾 + 祝福

🎤 错误说法

"出了校门，大家好好做人，不要给母校抹黑。"

"毕业了，终于逃出牢笼了！"

🎤 话术示范

"在即将离开母校的时刻，与朝夕相处的老师、同学相聚在这个承载了我们太多美好回忆的校园里，我真的是百感交集。"

"亲爱的同学们，离开母校，改变的是身份，不变的是情谊。"

天下没有不散的宴席，有相聚就会有别离。对于大学生而言，毕业典礼就像是一个大大的休止符，一场盛大的仪式过后，就要告别同窗好友和一段真挚热烈的青春岁月，步入社会接受新的考验。

站在毕业典礼的舞台上，大家的心中一定波涛汹涌、感慨万千。此时此刻，如果让你上台发言，你会说些什么呢？下面我们为大家介绍一个话术模板：感谢 + 回顾 + 祝福。大家不妨借鉴一二。

开篇首先是一声亲切的问候，接着点明主题，表达感谢。比如，"尊敬的领导、老师，亲爱的同学们：大家好！作为毕业生代表，今天能在如此庄严神圣的毕业典礼上发言，我深感荣幸。首先，我代表全体同学向学院的各位老师说一声：您们辛苦了！感谢您们一路以来的辛勤培育。"

接着我们可以回顾这几年的校园生活，向大家说一说心里话，表达自己的感受："时光如白驹过隙，一转眼，我们几年的大学生活已经走向尾声。回想刚到这里的时候……亲爱的母校，是您包容了我们的懵懂无知，是您赐予我们丰富的知识，教会我们……；亲爱的老师，您知识渊博、体贴入微，在传道授业的同时，也给了我们母亲般的关爱……；亲爱的同学，几年的同窗，我们结下了深厚的友谊……"

最后，表达真诚的祝福："在这里，我们共同祝愿母校的明天更加光辉灿烂；也祝愿每一位老师身体健康、工作顺利；祝愿学弟学妹们学业进步，梦想成真；祝同学们未来所遇皆良人，所见皆美景，所行皆坦途。"

当然了，一个优质的毕业典礼致辞不仅仅局限于以上的条条框框。起码在内容上应该有所升华，以此展现新时代大学生的历史使命感和社会责任感。

下面我们截取清华大学20××年本科毕业生的部分发言稿，希望对大家有一定的启发：

"过去四年里，我曾前往甘肃、云南、陕西、内蒙古等多个省、区开展了8次公益实践。我意识到，清华人有责任去关注社会，我们的努力具有点燃星星之火的力量！

家国情怀体现在清华人坚定的毕业选择上。

教育研究院的沈晓东学长在毕业后前往安徽省金寨县，致力于困境儿童的救助和教育；

今天和我们一同毕业的仁增顿珠，他来自新闻学院，走出青藏高原后又坚定回去，毕业后将在藏北草原当一名基层工作者；

　　还有法学院的胡凯，毅然从军入伍，誓要为强军梦贡献力量……

　　在万千选择面前，他们放弃了外人眼中的"最优解"，跳出了自己的舒适区，走向了祖国最需要的地方。

　　我也始终记得曾经想为教育事业贡献力量的懵懂初心。

　　推研成功以后，我决定延迟入学一年，加入清华大学研究生支教团。

　　清华培养我们成为肩负使命、追求卓越的人；

　　父母希望我不忘饮水思源；

　　朋友们希望我做自己真正想做的事；

　　而我想用一年不长的时间，做一件终生难忘的事情。"

　　这份上升到家国情怀的毕业致辞铿锵有力、掷地有声，它以极富感染力的内容，呼吁毕业生们脚踏实地去追求人生的价值，完成历史和社会赋予他们的责任和义务。如果你也想在毕业典礼上跳出常规的演讲思路和框架，那么不妨借鉴一下这份含金量很高的演讲稿，看完之后，相信你在思想和内容上都会有所升华。

婚礼父母上台发言

🎤 讲话公式

感谢亲家 + 感谢新娘 + 感谢来宾

🎤 错误说法

"我也没什么好说的，大家吃好喝好就行！"

"各位亲朋好友，今天是个大喜的日子，我们一定要喝尽兴，不喝醉谁都不许走！"

"儿子今天结婚，我开心死了！"

"这场婚礼掏光了我们的家底，你们小两口以后一定要多孝敬老人。"

🎤 话术示范

"相亲相爱好伴侣，同德同心美姻缘。花烛笑迎比翼鸟，洞房喜开并头梅！"

"一份执着，两颗真心，伴三分糊涂，四分怜惜，加五钱眼泪，六两柔情，配浪漫七杯，用八分爱火，九经考验，炼成十全十美正果。"

每场婚礼都会有致辞的环节，作为新郎新娘的父母，免不了被司仪请到台上发言。面对台底下黑压压的人群和众人灼灼的目光，如果没有思绪，不知道该怎么发言，那么不妨参考一下这个讲话公式：感谢亲家＋感谢新娘＋感谢来宾。

举个例子："首先，我要感谢我的亲家，谢谢你们辛苦培养出这么优秀的女儿，××（新娘名字）聪明懂事、善良孝顺，而且知书达理，很有智慧，我们非常喜欢她。结婚后，我们会把她当女儿一样去疼爱、去照顾。"

亲家是长辈，又是最尊贵的客人，所以在婚礼致辞上，首先想到的应该是他们。而他们最挂念的是女儿的幸福，所以这样表达对亲家而言是一种莫大的安慰。

"其次，我要感谢我的儿媳，谢谢你看上我家儿子。往后余生，希望你们能互敬互爱，互相体谅，一起把日子过得红红火火。以后××（新郎名字）要是敢欺负你，你尽管来找我，我帮你收拾他。"

这些话既表达了对儿媳的喜欢，也表达了感谢和祝福。尤其是后面那几句带有浓厚情感色彩的话，既活跃了现场的氛围，又让儿媳妇听得心里暖暖的。

最后，感谢亲朋好友前来参加婚宴："今天高朋满座，蓬荜生辉，荣幸之至。结婚是人生的大事，我谢谢各位亲朋好友，在百忙之中来参加我儿子的婚礼，谢谢大家一起见证他们人生的重要时刻。今天大家吃好好喝，等一会儿我来敬各位一杯，谢谢大家。"

整段发言逻辑清晰，条理分明，干净利落，情感真挚，且落落大方。大家有类似的需求可直接借鉴。

以上是男方父母的发言模板。这个模板对于女方父母同样适用。不过，在婚礼上说什么，也不是固定不变的。

如果你有感而发，可以给女儿女婿一点叮嘱："家是讲爱的地方，不是讲理的地方，两个人一起生活，要1加1等于1，就是说两个人要互相包容才能融为一体。在事业上要1加1大于2，两个人要互相帮助彼此，不求大富大贵，但是要用微笑来面对工作事业。苟富贵勿相忘，苟贫贱勿相疑。在情感上要 1 加 1 大于无穷，百年修得同船渡，千年修得共枕眠。要珍惜彼此，不要辜负上天赐予你们的这段缘分。"

也可以表达对孩子的祝福："希望你们有一个甜蜜美好的人生，在柴米油盐酱醋茶的烟火气里，不要忘记花前月下的初衷。执子之手，与子偕老。"

此外，父母在子女的婚礼上致辞时，可以以小名来代替对女儿女婿的称呼，这样显得更加亲切。发言要做到简短大方，因为婚礼上的每个环节都是有时间规定的，所以不要长篇大论，更不要把家长里短的琐事搬到舞台上说个没完，这样会让宾客感到厌烦。

另外，在儿女婚礼时，说话要得体大方，不能过于浮夸，否则会让宾客觉得虚假。也不能因为不满这桩婚事就说一些让人很不舒服的话，比如，"这场婚事，我原本是不愿意的，但是孩子喜欢，我也没办法。"婚礼是公众场合，就算内心不满，也不能在这里公开说出来，否则伤害的是新郎新娘的脸面和尊严，也将会是他们一辈子的心理阴影。

最后，父母在婚宴上讲话不能太过于随意，一定要走心。比如，"女儿是我这辈子最大的成就，我们一直把她视为掌上明珠，希望她能以自己喜欢的方式过完一生，我们也希望她的幸福和快乐能够永远延续。女婿是一个优秀的、有担当的孩子，做事踏实，为人善良，我们能看到他对女儿的爱，对他也是充满了欣赏和信任。希望在以后的日子里，两人能够相亲相爱，相伴一生。"这样的发言才能感染和吸引到现场来宾，从而对你留下深刻的印象。

婚礼上伴郎伴娘上台发言

🎤 讲话公式

自我介绍 + 回顾 + 祝福

🎤 错误说法

"你以后要是敢欺负××，肯定没有好果子吃，你不信试一试。"

"伴娘们，虽然我在这里的时间并不长，也都不认识你们，但我只是想说，你们6位当中有5个人看起来很漂亮，你们自己看看。"

🎤 话术示范

"作为他们的好友，我见证了他们相识、相知、相恋的每一个环节。今天，他们结为了夫妻，我由衷地为他们感到高兴。"

"让我们一同举杯，为了这个日子，为了××先生和××小姐幸福风帆的起航！祝他们白头偕老，百年好合！"

在一段完美婚礼中，除了作为主角的新娘和新郎之外，还要有伴郎伴娘，他们的职责是协助新人完成婚礼仪式和庆祝活动。那么，作为新郎和新娘最亲密的朋友，如果让你站在婚礼的舞台上对新人讲几句，你会说些什么呢？内心除了感动和不舍，你还有什么心里话要对新人说吗？

如果你情绪激动、语无伦次，那么不妨参考一下这个话术公式：自我介绍＋回顾＋祝福。

举个例子，"大家好，我是新娘的闺蜜，很高兴今天能站在这里送她出嫁。我和××是从小一起长大的好朋友，我们是彼此人生的参与者和见证者。我们一起学习，一起成长，一起分享彼此的心事，一起经历过很多难忘的时光。可以说，我们在一起说过的悄悄话，能绕地球一圈。在今天这个重要的时刻，我想说，缘分真是妙不可言，认识你是我这辈子最幸福的事情。"

在婚宴致辞中，伴娘可以先做自我介绍，让众人对自己有个基本的了解。然后追忆往昔，一起回顾自己和新娘的青葱岁月，表达对友情的珍视和感恩，为婚宴增添丝丝温情。接着分别对新娘和新郎说说自己的心里话，并对他们送上真诚的祝福。

比如，"恭喜你，我最好的朋友，如今你已经找到相爱一生的伴侣。看着你们相识、相知、相爱，我很感动，你终于找到了那个疼你爱你、满眼都是你的男生。所以，未来你一定会非常幸福的。在以后的日子里，姐妹还是会和以前一样，任何时候都在你身旁，陪你一起细说生活的短长。

"我想对新郎说，恭喜你，娶到了世界上最善良、最可爱的女孩。我希望你可以一直爱她、包容她、陪伴她、偏爱她，让她脸上永远挂着快乐纯真的笑容！

"在此，我衷心祝福你们，永浴爱河，白头携老，早生贵子，婚姻美满！"

最后，还可以简单提及到场宾客，给他们送上几句吉祥话。比如，"我也祝福现场的来宾，心想事成、万事胜意！谢谢大家！"

通常来说，伴郎伴娘的致辞大概在3分钟左右，所以讲的话能简则简，不要长篇大论，以此影响婚礼后续的流程。另外，在婚礼上讲话可以多说一些生动有趣的故事，以活跃现场的氛围。比如，"今天是 ×× 先生和 ×× 女士喜结良缘的好日子。新郎既是我的同学，也是我的发小，我们之间的兄弟情义，那自然是高如山，深似海，烈如酒，长如江。我们兄弟间很少聊感情，但每次开黑他总是在接到电话后放我们鸽子，我就知道，他离幸福不远了。"讲一讲年轻时一起经历的疯狂事，讲一讲新人的爱情故事，既能逗大家开心，又是一种很珍贵的回忆，能引起新人的共鸣。

最后，伴娘致辞要避开一些伤感的话和极端的话，比如，"工资上交，剩饭你包，若有违背，定不轻饶。""小子，×× 在家嚣张跋扈惯了，若让我们发现她眼中有泪，身上有伤，必定让你出门恐慌。""如若沾花惹草，定将你炸至两面金黄。"这些话带有威胁的意味，而且提前给新郎贴不好的标签，把新郎想象成假想敌，这让大家心里都很别扭，尽管其中带有搞笑的成分，但是一点也不好笑。

长辈寿诞子女上台发言

🎙 讲话公式

感谢 + 回忆 + 祝福

🎙 错误说法

"祝您长命百岁，福如东海！"（给 90 岁的老人祝寿）

"我从早上起来到现在还没顾上喝一口水，真是忙死了。"

🎙 话术示范

"愿你生活之树常绿，生命之水长流！寿诞快乐，春辉永绽！"

"一拜：祝妈妈吉祥如意，福贵安康；二拜：祝妈妈开开心心，幸福永伴；三拜：祝妈妈万事如意，增福增寿。"

"各位亲朋好友们，请把你们的祝福化做热烈的掌声，祝福老寿星永远幸福。"

俗话说："家有一老，如获一宝。"在我们的传统认知里，百善孝为先，就算如今时代在飞速发展，可刻在我们骨子里的孝道依旧发挥着作用。尤其老人过生日的时候，很多家庭的儿女都会办一场隆重的寿辰庆典，以此让老人开心一下。那么，在祝寿仪式上，身为子女的我们如果被邀请上台发言，应该说些什么呢？

首先，开头部分直奔主题，表达对老人的祝福和对来宾的感谢。比如，"今天是我亲爱的妈妈 70 大寿的日子。在此，请允许我代表我的家人，向妈妈送上最真诚的祝福！向在座各位的到来表示衷心的感谢！"

中间部分可以回忆老人的一生，真挚地表达对老人辛苦抚育后代的感激之情。比如，"爸爸和妈妈携手走过几十年的风风雨雨，他们老两口一生勤俭质朴、任劳任怨，养大了七八个儿女，其中的辛苦和酸楚，无法用三言两语描述清楚。除了物质层面的抚育，他们还将真诚待人的处世之道、严爱有加的朴实家风以自己的一言一行潜移默化地传给后人，这笔精神财富一直激励着大家，为我们的家庭支撑起一片生活的蓝天。

"爸爸和妈妈的一生平凡普通，但在我们的心中，他们是伟大的！我们的勇敢来自他们的支持和鼓励，我们的幸福来自于他们的呵护和疼爱，我们的团结和睦来自他们的谆谆教导。"

同时还可以表明自己的态度："我们一定牢记你们的教导，传承你们的精神，团结友爱，积极进取，在事业和学业上更上一层楼！同时我们也一定会好好孝敬你们，让你们安度晚年，幸福到老！"

最后，首尾呼应，表达了对老人的美好祝福。比如，"让我们共同举杯，祝福您们增福增寿增富贵，添光添彩添吉祥，福如东海，寿比南山。"

在老人的寿诞上，小辈讲话要注意分寸，尤其在这种特殊的场合，一定不要说一些禁忌词汇，"累死了""忙死了""开心死了""吹灭蜡烛""送钟""吃梨"，这些不好的词被人视为对老人的诅咒。

当然，也不能说一些消极和丧气的话，比如，"村里比爷爷小 5 岁的那个人上半年已经死了"，这样老人听了也不会高兴。

最后，儿女在上台致辞时，最好不要说一些比较平淡的话，比如"祝爸妈身体健康，寿比南山，大家吃好喝好。"这些话也不是不能说，只不过说了之后，激不起任何一点水花，而且也无法表达你对父母养育之情的感激。

在致辞环节，大家最好说一些发自肺腑的真心话，比如，"回想父亲几十年含辛茹苦、勤俭持家，把我们兄妹几人拉扯长大。常年的辛勤劳作让您的双手布满老茧，头发发白，脸上刻满了皱纹……"这样大家才能被你的真情实感所打动。

丧宴亲人上台发言

🎤 讲话公式

感谢 + 感受 + 悼念

🎤 错误说法

"该来的人怎么没有来？"

"我整整伺候了在病床上的他老人家十年，这下终于解脱了。"

🎤 话术示范

"各位亲朋好友，这几天大家为了爸爸的丧事劳心劳力，十分辛苦，真诚地感谢你们！"

"亲爱的妈妈，今天，您的亲人们都来送您了，您看到了吗？您老人家一路走好，我一定会照顾好年迈的父亲，不辜负您的期望和重托，好好生活，您在天堂安息吧！"

生老病死是人之常情，也是一种很自然的轮回。当人的生命走到终点时，他的亲人通常会为他举办一场丧礼，以告别一个生命的离开。不同的地域和文化，葬礼的风俗也有所不同。但不管是哪里，在丧葬宴会上，作为主人都应该上台跟前来吊唁的宾客讲几句话。这个时候，处于悲伤情绪的你，说什么才合适呢？

首先，发言人可以向前来吊唁的宾客表达谢意："我代表全家，向今天来参加追悼会的各位领导、各位来宾、各位亲朋好友表示诚挚的谢意！感谢你们百忙之中来和我们一起送父亲最后一程。父亲住院期间，承蒙大家关心，多次到医院探望，给了我们很多的安慰和关照！父亲病故后，大家也忙前忙后，帮助我们操持这场丧事，作为家属，我们感激不尽。"

接着，发言人可以说一些有感而发的话："爸爸这么年轻，就永远离开了我们，我们心如刀绞，痛苦不已。在这里我想叮嘱大家，平时一定要珍视自己的健康，多多关爱自己的亲人，千万不要等到失去后才追悔莫及。"

最后，要悼念亡魂："亲爱的爸爸，您安息吧！我们永远不会忘记您的音容笑貌，您一路走好！"

当然，这个话术模板并不是固定不变的。如果大家觉得它过于简洁，还可以适当地增加一些信息，比如，发言者可以简短地向众人描述逝者死亡的基本情况，并且表达自己的感受，"尊敬的各位来宾，各位亲朋好友：2024 年 × 月 × 日，下午 × 时 × 分，我的母亲因为心力衰竭医治无效，不幸去世，永远地离开了我们。在此，我代表全家人等，跪祭母亲灵前，致以沉痛哀痛。"

接着发言者还可以回顾一下逝者的生前事："我的母亲一生勤勤恳恳，任劳任怨，辛苦把我们兄弟姐妹拉扯大……母亲去世对我们打击非常大，看着她的心脏停止跳动，我们心如刀绞……"

另外，还可以感谢前来送行的亲朋好友："非常谢谢大家在百忙之中参加我母亲的追悼会，感谢大家一直以来对我们全家的关怀和帮助，这份善意，我铭记于心！感谢你们！"

此外，子女在丧宴上致辞要做到简短有力，不能长篇大论，否则会让人听得很不耐烦。此外，讲话的时候不能用愉悦的语气，也不能用欢快的表情，更不能开玩笑，这是对逝者的不敬，同时也会引起众怒。

最后，在丧宴致辞时，不要说老人生前的一些不光彩的事情，比如，"我的父亲一生嗜赌成性，最后输得倾家荡产，我们跟着他过够了苦日子……"这些有怨气的话藏在心里就好，拿到台上说，多少会引人不悦，大家会觉得，死者为大，你这样说就是不尊重死者。

当然，也不要为了邀功，不停向众人诉说你照顾父母的不易："老太太在病床上一瘫就是十几年，我衣不解带，端屎端尿，整整照顾了十几年……"这些操劳和辛苦固然千真万确，大家也都很心疼你，但是你一旦说出来，就会变味儿，大家不但不会共情你的感受，反而觉得你矫情。他们会在背地里说："照顾老人不是你应尽的责任吗？为什么要到处宣扬呢？"所以，在丧宴上，说话是很讲究的，一不小心就可能适得其反。

第七章

亲子对话万能公式

怎么批评，孩子才不会有逆反心理

🎤 **讲话公式**

事实＋感受＋评价

🎤 **错误说法**

"你怎么这么不听话，你看看人家邻居家的小妹妹，年龄比你小，却比你懂事。"

"你这孩子太粗心了，上个学期就因为马虎，试卷上白丢了十分。还有一回，你做语文题目的时候……"

"你怎么什么都做不好？没见过你这么蠢的孩子。"

🎤 **话术示范**

"我知道你做错了，我们一起看看怎么解决吧。"

"你太调皮了，把咱们家的玻璃杯都打碎了，妈妈很生气，你在家里横冲直撞是不对的。"

"这个错误是每个人都会犯的，关键是从中吸取教训。"

在这个世界上，每个人都会犯错，尤其是孩子，他们的年龄尚小，对世界的认知和思考还不全面，所以总会犯各种各样的错。犯了错，免不了被父母批评。不过，在批评的过程中，有的父母无法把握好说话的艺术，导致孩子不仅不认错，反而激发出他们的逆反心理。

那么，批评孩子的正确方式究竟是什么样子的呢？

举个例子："刚才妈妈在拖地，你在边上跑来跑去，把妈妈刚拖干净的地板都踩脏了。妈妈心里很难过，你这样做是不对的。"

在这个案例中，"宝宝踩脏地板"是事实，"妈妈生气"是感受，"你这样做不对"是评价。整个讲话过程简洁明了，不会给孩子很大的心理压力，同时还能起到很好的训诫作用。

批评的方式多种多样，除了上面介绍的那个公式之外，我们还可以采用如下几个方式：

第一，赞美式批评。

指出别人的缺点，可能因与对方意思相违而伤害到对方，又可能因对方态度蛮横伤及自己。这时，需要用赞美的话语做中和剂，令对方反驳也不是，发怒也不是，再加上批评得有理有据，方可令其心悦诚服地接受。

一位妈妈早晨起来看到儿子，便夸他："你昨天写的作业我检查完了，非常好，没有一点错误！"儿子听了很高兴。这时妈妈又不急不忙地说："今后写字的时候多加注意，字写得整洁一点，那就更完美了。"

这位妈妈的批评值得效仿，它就像一种很苦的药丸，外面裹上糖衣，先让孩子尝到甜味，这样孩子才容易把这颗很苦的"药丸"吞到肚里，从而正确规范自己的行为。

第二，暗示式批评。

在一次宴会上，一位很胖的夫人坐在身材瘦削的萧伯纳旁边，笑着问大作家："亲爱的大作家，你知道有什么办法防止肥胖吗？"萧伯纳郑重地对她说："有一个办法我是知道的，但是我怎么想也无法把这个词翻译给你听，因为'干活'这个词对你来说是外国话呀！"

这个故事采用了暗示式批评。这种方式最大的特点是含蓄，它在声东击西的同时，让被批评者有一个思考的余地，另外也没有伤害到被批评者的自尊心。作为父母也可以采用这种含蓄委婉、柔中带刚的批评方式，用事实教育孩子，用道理开导孩子，用后果提醒孩子，这样他就会诚心诚意地接受批评。

第三，安抚式批评。

人与人之间，不论年龄的大小、地位的尊卑，人格都是平等的。所以，家长在批评孩子时，不论批评得怎样高明，总是要伤人的，只是伤有轻有重而已。因此，发火伤人后，需要及时做善后处理，即进行感情补偿。另外，妥当的善后要选时机、看火候。过早，孩子火气正盛，效果不佳；过晚，则孩子郁积已久的心结不好解开。因而，宜选择孩子略为消气、情绪开始平稳的时候为佳。

第四，描述式批评。

顾名思义，就是描述家长看到的过程和细节。这样可以让孩子明白自己到底错在哪里，同时也能让他感受到父母的关心和支持。举个例子，"我看到你字迹非常潦草，是不是应该再认真一点，否则老师根本看不懂，就算你写对了，老师也没法给你打分。"

从这句批评中，我们可以看出，家长并没有站在一个判官的角度，对孩子的表现进行结论式批判，而是用描述性语言点明了孩子的错误之处，这样做的好处在于，不会让孩子对自己的错误茫然无知，从而能更好地帮助他加以改正。

第五，引导式批评。

我们批评孩子，是为了帮助他改正错误。因此，在批评孩子时记得加上一些引导性的话，比如，"你从这个错误中学到了什么""你觉得你哪儿做得不合适"，这种话语可以帮助孩子重新审视自己的行为，并引导他们找到更好的解决问题的方法。

在批评孩子时，言语和态度都要谨慎，千万不可用讽刺或嘲笑的方式，免得引起孩子的反感和难堪，使之产生抗拒和排斥的心理。

如何劝说，才能让孩子告别拖延

🎙 讲话公式

巧妙提问 + 对症治疗

🎙 错误说法

"你能不能快一点？一天催八百遍，还是听不进去。"

"一写作业就上厕所，真是懒驴上磨屎尿多。"

"凳子烫屁股吗？为什么就不能专心把作业写完？"

"你怎么这么笨呢？半个小时过去了，才写了一道题。"

🎙 话术示范

"宝贝，一小碗饭你为什么吃了半个小时还没有吃完？是不是食物不合你的胃口？"

"哇，孩子你好棒！比你预计的时间早 20 分钟！妈妈奖励你可以在这 20 分钟做自己想做的事情。"

"作业写了这么久还没有完成，是遇到困难了吗？需不需要妈妈帮助你？"

为人父母的都知道，几乎每家都有一个"拖拉夫斯基"。早上起床，家长催无数遍，他都不肯从被窝里爬起来；吃饭时，他不是摆弄杯碗，就是发呆，总之一顿饭可以吃两个小时；写作业时，一会喝水，一会上厕所，就是不肯把注意力集中到书本上……

对于这样拖拖拉拉的孩子，家长应该如何应对呢？

孩子拖拉是有原因的，并且导致孩子拖拉的原因多种多样。一是孩子比较小，时间观念不够强，缺乏时间管理和规划的能力，所以无法在规定的时间内合理安排自己的事情；二是孩子本身对某件事情不感兴趣，或者无法胜任，所以产生消极和对抗情绪，而这些情绪的出现必然会伴随着行动力的迟缓；三是环境中的诱惑因素太多，导致孩子无法将注意力集中到该完成的事情上，等等。

当家长看见孩子出现拖延症时，一定要耐心询问，比如，"宝宝，午餐你吃得慢吞吞的，是不是不喜欢这个食物的味道？""一个小时过去了，为什么这一页题还没有写完，是不是太难了，你不会做呢？"打听清楚孩子为什么要这样拖拖拉拉，当家长找到病因之后，才能对症治疗，否则一味催促，只会招来孩子的厌烦，恶化亲子关系。

另外，如果目标过于庞大复杂，我们还可以告诉孩子："把大任务分解成小计划。"

世界马拉松冠军山田本一在其自传里道出了他成功的秘密："每次比赛前，我都要乘车把比赛的路线仔细看一遍，并把沿途比较醒目的标志画下来。比如，第一个标志是银行；第二个标志是一棵大树；第三个标志是一座房子……这样一直画到赛程的终点。比赛开始后，我就以百米冲刺的速度，奋力地向跑向第一个目标。过了第一个目标后，我又以同样的速度向第二个目标冲去。起初，我并不懂这样的道理，常常把我的目标定在40公里以外终点的那面旗帜上，结果跑到十几公里时，我就疲惫不堪了。"

当孩子面临艰巨的任务，因为害怕而拖拉时，不妨把山田本一的故事讲给他听，告诉他，任务虽然大得让人害怕，但是我们只要把大任务一个个拆分开，那么完成起来就变得轻松很多。

此外，还可以给孩子一个截止日期。心理学上有一个著名的"deadline"实验：实验人员分别给两组大学生布置了相同的任务，不过，第一组没有规定完成的时间，第二组规定必须在三天之内完成。结果三天后，第一组的任务没有完成，第二组按时出色地完成了任务。

所以，作为家长，也应该学会给孩子设定一个截止日期，比如，"今天晚上你若是能在六点前完成作业，就可以额外看半个小时的电视，因为你不再拖拖拉拉，能提前完成作业。"这句话相当于给孩子上了一个"紧箍咒"，他会从心里重视这个事情，并且加快行动的步伐。

最后，我们还可以鼓励孩子用 20 秒的时间开始做一件事。

《快乐的优势》一书中写了这样一个小故事：有个人想每天练习吉他，可是从他走到另一个房间，到从柜子里取出吉他，所用的时间大概是 20 秒，就因为这 20 秒时间的延误，导致他练习的积极性大大受挫。

后来，他把吉他从柜子里取出来，并买了一个吉他架，把吉他安放在卧室的中间位置。之后他看着吉他，就会说服自己用 20 秒练一会儿，就这样，他渐渐养成每日练吉他的好习惯。

20 秒很短，但足以让孩子养成一个好习惯。所以父母可以这样引导孩子："用 20 秒的时间从床上坐起来穿衣服。""花 20 秒的时间打开书本，阅读一行字。"正所谓，万事开头难。当孩子用 20 秒开始做一件事情，那他接下来就能全情投入其中。

不吼不骂，如何让孩子对学习专注

🎤 讲话公式

感受＋需求＋请求

🎤 错误说法

"一看书就瞌睡，没出息的东西。"

"你现在不好好学习，将来是要捡垃圾的。"

"你要努力啊，咱们家就指望你了。"

"你不好好学习，对得起我和你爸爸的辛苦付出吗？"

🎤 话术示范

"考得好不好不重要，重要的是你努力了，就会有进步。"

"你只要用心学，这些题目根本难不倒你！"

"你是一个很有想法的孩子，你的见解很有创意！"

"妈妈不懂这是为什么呢？你能教教妈妈吗？"

　　每个父母都希望自己的孩子能够自主学习、成绩优异，将来出人头地，过上富足的生活。这是每个父母内心最朴实的愿望，但现实往往不尽如人意。放眼望去，很大一部分孩子都沉迷于手机和游戏，无法自拔，一谈到学习，脸上就暗淡无光。即使逼着他们去学，他们也是一副心不甘情不愿的样子，甚至背着家长偷偷作弊。

那么，身为孩子的家长，我们应该怎么说、怎么做，才能让孩子主动远离手机和游戏，逆袭成勤奋好学的学霸呢？我们不妨向孩子多说一些示弱的话。

一个华人学生在哈佛毕业典礼上讲述了他的成长故事：他出生在一个偏远的农村，他的妈妈大字不识一个，但是却懂得教育之道，她经常让孩子教自己识字。不管是农药上的说明书，还是报纸上的新闻，她都要求孩子讲给她听，在为人师的过程中，孩子渐渐对读书识字产生了浓厚的兴趣。

不懂装懂，虚心向孩子求教，这可以让孩子爱上学习。比如，家长可以这样说："唉呀，这个单词是什么意思啊？妈妈都忘了，你可以教教我吗？""能不能帮妈妈解释一下这个原理？我实在看不懂啊！"每个人都渴望被他人需要，以此凸显自己的价值，孩子也不例外，在追求自我价值的过程中，孩子会一步步钻研知识，慢慢爱上学习。

除了示弱，我们还要告诉孩子"学习是自己的事情"。很多孩子经常是被大人催着赶着去学习的，在他们看来，学习纯粹是为了父母，如果没有父母的督促，他一整天也想不起书本。在这种思想意识的驱使下，孩子对学习自然不会积极和上心。

身为家长，我们可以挑一个合适的时机，心平气和地告诉孩子："学习就像吃饭、喝水一样，是你自己的事情，要你自己去做，谁也替代不了。如果你好好学习，掌握很多知识，那么未来你可以用这些知识换取你想要的生活，如果你不好好学习，糊弄老师和家长，那么将来你脑袋空空，什么本领也没学会，碰到喜欢的东西，也没有能力争取……"

当孩子听懂这些话，意识到学习的重要性，他就能从"要我学"转变成"我要学"。这个时候，不用催促，孩子也会对书本上心。

其次，我们还可以用梦想引导孩子。梦想是人生的动力，孩子有了梦想的牵引，能够在困难面前勇往直前。所以，作为父母，与其天天催着孩子读书学习，不如从孩子的兴趣出发，点燃孩子的梦想。

有个男孩特别痴迷军事武器，他一看到大炮、机枪就挪不开眼睛。妈妈了解了儿子的兴趣爱好之后，就告诉他："你有自己的兴趣爱好，妈妈非常高兴。不过，要想接触到这些先进的武器，你必须考上中国最好的军事院校。我从网上搜索了一下，以你目前的成绩，还远远没有达到那所学校的录取分数线。不过，妈妈相信，只要你愿意努力，未来一定能到达那个录取分数线，一脚踏进成功的门槛。"自此之后，男孩学习有了动力，成绩也一路飙升，成功逆袭为学霸。

如果你的孩子对学习提不起兴趣，对未来没有什么期望，那么不妨像这位妈妈一样，用话语点燃孩子的梦想，在梦想的引领和感召下，孩子会爱上学习的。

另外，如果孩子不愿意写作业，不要强迫他，更不要催促他。俗话说，"牛不喝水强按头"，只会得到"办不到"的结果，所以，强迫孩子是无法取得理想的学习效果的。

家长最理智的做法，是尽量把自己的肯定句和命令句换成疑问句。比如，"吃完饭，我们开始背诵课文，好不好？""放学后，你想先写语文，还是数学？""咱们一起参与，制订一个学习计划，好吗？"让孩子参与决策，可以最大程度地调动他的学习积极性。

最后，家长要引导孩子走进生活，让知识鲜活起来。在生活中，多问问孩子，"为什么海水是蓝色的？""苹果切开后为什么会变色？""冷的时候，我们呼出的气为什么能看见？"这些生活中的现象蕴含了丰富的知识，父母在引导孩子观察生活的同时，也能激发起孩子学习的兴趣。

怎么引导，孩子才能独立自强

🎤 讲话公式

引导分析＋鼓励思考

🎤 错误说法

"看看人家××，小小年纪就学会自己穿衣服，你呢！这么大了，还要人喂饭！"

"不会做没关系，妈妈帮你做，以后我们的宝贝长大了，自然什么都会了。"

"你怎么这么笨，这么大的孩子，连个地都扫不干净！"

🎤 话术示范

"我的孩子，身体小小的，能量大大的。"

"妈妈知道你失败了很难过，这是很正常的事情，你想哭了就靠着妈妈的肩膀哭一会吧！"

"我们再尝试一次吧，这次我们换个角度思考一下……"

网络上有一句话："8岁时你没教他系鞋带，20岁时他的确学会了。但20岁明明已经应该打工赚钱养自己了，他却只学会了系鞋带。"

很多父母总是对孩子保护过度，一手包办他们的所有事情，穿衣服、剥鸡蛋、喂饭、洗脸、叠被……就这样，在家长的溺爱下，一个巨婴慢慢养成了。而一个失去自立能力的孩子，犹如断了翅膀的鸟儿，连根本的生存能力也没有，就算将来进入社会，也只能在底层苦苦挣扎，接受命运的蹂躏和抽打，根本没有丝毫反抗的能力。

为了避免出现这样的悲剧，身为父母，我们要耐心教导孩子独立解决问题。孩子在成长过程中会面临各种问题和挑战，这时候，他们会说："妈妈，这个太难了，你帮我弄吧！"心软的妈妈会说："没关系，有妈妈呢！"可是渐渐地，孩子就对父母形成依赖心理，在依赖心理的作用下，孩子根本无法独立解决问题。

所以，在孩子遇到问题时，明智的家长会引导孩子分析原因，为孩子提供不同的解决方案，鼓励他们主动思考并做出选择。举个例子，"孩子，你觉得这次为什么会失败呢？怎么做才能更好地解决这个问题呢？""按照妈妈的想法，我建议你可以从这个角度尝试一下，说不定可以找到问题的答案……"

有了父母的引导，孩子就有了解决困难的勇气和自信，他也就能快速重振旗鼓，继续跟困难对抗，直至问题得到解决。

另外，我们还要叫孩子一起参与家务。具体来说，家长可以根据孩子的年龄和能力，要求孩子做一些力所能及的事情。比如，3～4岁的孩子能够在大人的帮助下穿脱衣服；4～5岁的孩子能整理自己的物品、倒垃圾、清理桌子、浇花等；6～8岁的孩子能够打扫地板、帮助择菜、保持卧室整洁等；9岁及以上的孩子可以帮忙洗车、打扫浴室、厨房、洗衣服、换床单等。

当你干这些家务的时候，可以顺带叫上孩子。为了调动其参与的积极性，家长可以这样说："宝宝，可以我们家的大扫除开始啦！保持家庭整洁是我们每个人的责任，我们的小宝虽然年龄小，但却非常厉害，我相信你一定能把这个柜子擦得干干净净。"类似的话术不但可以增强孩子的自信，而且提升孩子的自我价值感，更能锻炼孩子独立解决问题的能力。

最后，我们要鼓励孩子坦然面对失败。在孩子独立解决问题的过程中，肯定会出现屡战屡败、屡败屡战的现象。此时，孩子会沮丧、气馁、绝望、恐惧。身为家长，我们一定要共情并接纳孩子的消极情绪："妈妈很爱你，我知道你现在有点伤心。妈妈要是多次尝试都成功不了，妈妈也会很难过的，所以妈妈理解你。不管怎么样，妈妈都会和你在一起。"

当孩子还是无法从负面情绪当中走出来时，可以跟孩子讲讲自己曾经失败的经历，以此让孩子明白，失败并不可怕，每个人都会经历失败。在讲述的过程中，孩子会理解失败到底是一种什么样的感受和情绪，也会在你的故事中总结成功的经验和教训。

当然，我们还可以多夸一夸孩子为此付出的努力。比如，"你刚才做……的时候非常认真，妈妈觉得你努力的样子真帅！""这个东西虽然没做好，但是你的勇气可嘉，愿意一次次努力尝试，妈妈觉得你真的好勇敢！"

对于一个失败的孩子而言，这些共情、鼓励和赞扬的话至关重要，有了这些言语的加持，孩子才能获得对抗困难的决心，才能学会坦然面对失败，才能重拾再次出发的勇气。

怎么教育，才能让孩子戒掉"玻璃心"

🎤 讲话公式

肯定努力 + 树立正确的输赢观

🎤 错误示范

"哭什么哭，遇到困难就知道哭，真没出息。"

"别难过了，我的宝宝是最棒的，老师没有奖励宝宝，那是老师没眼光！"

"你怎么这么笨啊，连这么简单的题都做不出来。"

"别难过了，妈妈帮你把这个问题处理好。"

🎤 话术示范

"孩子，放心大胆去尝试吧，妈妈相信你一定能做好它的。"

"不要着急，就算失败了也没有关系，成长总是需要一个过程的。"

"你已经比昨天进步很多了，妈妈真为你感到高兴。"

"你专心致志的样子很棒！"

有这样一类孩子，他们经不起丝毫的挫折：在学校被老师批评两句，第二天就不想上学了；考试没考好，家长还没有说什么，他们的眼泪就扑簌簌地流了下来；和同学玩耍，别人一句无意识的话就能让他们难过很久……总之，他们像玻璃一样，稍微一碰就"碎"了。

这类高度敏感的孩子很容易产生挫败感，也很难适应将来竞争激烈的社会。为了帮助孩子戒掉"玻璃心"，我们不妨从肯定孩子的努力开始，然后向孩子灌输正确的输赢观。这样孩子既建立了自信，同时也对失败保持坦然的态度。

第一，多说一些肯定孩子的话。

孩子一遇到挫折就痛哭流涕，这是对自己的能力没有信心。此时我们要多肯定孩子的努力，比如，"妈妈知道你一直很努力，我看到你为了学好数学下了很多苦功，这次没考好，不要着急，成功是一步一个台阶走出来的。孩子，你知道吗？竹子用了四年的时间，仅仅长了 3 厘米，从第五年开始，它以每天 30 厘米的速度疯狂地生长，仅仅用了六周的时间就长到了 15 米。在成长的过程中，我们不要担心刚开始得不到回报，像竹子一样，把自己的根牢牢扎住，后期你一定会惊艳众人的。"

当孩子树立了自信，他抗挫折的能力也会进一步提升，以后就算遇到困难，他也会自信满满，不再为暂时的失败而痛哭流涕。

第二，告诉孩子输赢是常态。

有些孩子自尊心很强，哪怕输掉一次游戏比赛，也会难过很久。这个时候，你可以这样劝慰孩子："宝宝，输赢都是很正常的事情，没有一个人能永远能下去，也没有一个人会永远输下去，只要你愿意努力，迟早能赢得胜利。"

正确的输赢观可以缓解孩子内心的焦虑，也能提升他战胜困难的决心，同时还能改变他"泪失禁"的体质。

当然，除了上面提到的方法之外，我们还要鼓励孩子独立完成某件事。温室里长大的花朵经不起风吹雨打，孩子又何尝不是这样呢？所以，我们需要狠下心，撤走孩子的保护罩，鼓励他独立完成某件事。在完成的过程中，哪怕他会一次次跌倒、一次次受伤，你也要不停地给予鼓励。

"妈妈知道学会骑自行车是个很难的过程，在学的过程中，你会因为把握不了平衡失败无数次。可是你知道吗？当你练习的次数足够多的时候，你会神奇地发现，你骑上去坚持的时间竟然越来越久了……"

鼓励孩子独立完成一件事情，让他在学习和坚持中感受失败的沮丧，享受成功的喜悦，慢慢磨练他的心性，锻炼他的意志力，久而久之，他就变得强劲坚韧，无畏风雨，更不怕挫折和打击了。

最后，我们还要告诉孩子，不要过分地在意别人的评价。当孩子有了自己的主见，不再让他人的评价随便影响自己的情绪时，他的"玻璃心"就不治而愈了。

有这样一个寓言故事：父子俩牵着一头毛驴去赶集。半路上，有人笑话他们："真笨，有驴子不骑！"听了这话，爸爸让儿子骑在驴身上，自己走路。人们又笑话："这儿子真不孝，竟然让自己的父亲走着！"于是爸爸骑在驴身上，让儿子走路。人们见了又说："真狠心的父亲，也不怕把孩子累死。"于是父子两人都骑在驴身上。结果人们又说："两个人都骑上去，也不怕把驴压死。"

父母可以把这个故事讲给孩子，告诉孩子，一个人不要太过于在意别人的意见，否则只会让自己无所适从。

怎么作答，才能保护好孩子的好奇心

🎙 讲话公式

耐心倾听 + 客观作答

🎙 错误说法

"哎呀，你老是问东问西，烦死了。"

"不要问我，我不知道。"

"这个问题等你长大了自然就懂了。"

🎙 话术示范

"妈妈，风从哪里来？""是空气的流动。（吹口气）瞧，这不是有风了？"

"我们家 ×× 真是一个好奇宝宝呢！要想搞清楚这个问题，我们先来做个实验。"

孩子开口发问的时期，正是他人生成长最重要的阶段，强烈的求知欲不可避免地在这一阶段迸发。如果父母不及时加以客观有效地回答，而是粗暴地阻止孩子发问，或者用敷衍的态度来打发孩子，那么，孩子的好奇心和智慧的萌芽就会被扼杀掉，甚至对其将来人生观、世界观的形成产生一定影响。

孩子们的问题总是最单纯、最天真的，不带任何浑浊的杂质。

他们或许想知道某个问题的答案，但是当你给了他们自以为很满意的答案之后才发现，孩子对这个答案并不感兴趣，而是随之又冒出新的问题。

比如，孩子看到爸爸妈妈的结婚照片时，常常这样问："妈妈，这张照片上怎么没有我呀？"如果不想正面回答，就可以把话题岔开，说："宝宝还没长大呢，等长大了，也穿这样漂亮的衣服，照彩色的照片，好吗？"孩子听了，一定会很高兴。孩子看见火车，也常常问："妈妈，火车为什么跑得那么快？"这个问题一句半句说不清楚，孩子也不一定对你的解释感兴趣，最好把话题岔开，说："是呀，火车跑得可快了！过几天带宝宝去姥姥家时，咱们就坐这么快的火车。"孩子一定会高兴地拍着小手，述说起去姥姥家的事。这是因为孩子对穿漂亮衣服、照彩色照片比照片上为什么没有她更感兴趣，对去姥姥家比火车为什么跑得快更感兴趣。

有时，一个很简单的问题，却让你不知该如何回答是好，这时你懒得回答，就转移话题，或者对孩子说起和问题不相干的话题。这样做，孩子就能对新话题表现出极大的兴趣，甚至会对你狡黠的回答表示肯定和赞赏，认为你是世界上最聪明的爸爸或妈妈。

很多时候，越是简单的小问题，越是很难解释。人们把其看作理所当然，却往往忽略其本质的重要性。孩子虽小，有时却能一语道破玄机。

孩子的问题千奇百怪、层出不穷，有时还会让人感到脸红、不置可否。面对如此简单可爱的孩子，身为父母的你，该如何去面对呢？

作为父母，首先要做的便是耐心听孩子把问题讲完，然后用最简单、最客观的话语作出解释。如果孩子问，人为什么要吃饭呀？你就告诉他，吃饭是在增加自己的能量，只有吃了饭，才会变得有力气，才可以好好地玩，好好工作，人才不会累。父母这样说了，相信小孩子便会有个初步的认识，孩子会觉得，一定要吃饭才可以长身体，才会变得有力气，这样也可以让孩子养成按时吃饭的好习惯。

父母面对孩子的提问，千万不可以敷衍了事，更不可以随便用鬼怪等不科学的言论搪塞过去。有的父母嫌孩子的问题很烦，便会说："让你听话你就听话啊，要不然会有九头怪过来把你抓走的。"孩子的心灵是极其脆弱的，认知又单纯片面，通常无法辨别真伪，父母这样说话，很容易让孩子内心产生恐惧。

如果孩子突然问出一个十分荒诞可笑的问题，家长也不要不屑一顾，甚至嘲笑孩子。一旦由于父母的嘲笑对孩子的自尊心造成伤害，后果就不堪设想。因此，父母一定要注意，就算孩子问出再可笑的问题，你也要认真对待，因为孩子都是很用心、很专注地去问的，一旦受到了父母的漠视，他们便再也不想开口提问了。

当孩子提出很难解释的问题时，父母千万不要随意回答。因为孩子正处在知识架构建立时期，很可能就是因为父母的一时疏忽，而导致孩子无法正确地理解某个知识。父母大可坦诚地说："爸爸妈妈也搞不清楚，等一下查了资料再告诉你，好吗？"父母不要以为这样会大大降低自己在孩子心中的地位。其实，当你查完资料把正确的答案告诉孩子时，往往孩子对你会更加尊重、更加信任。

父母要认真理解孩子提问背后的需求，并认真回答孩子的问话。孩子提出问题时，应先了解其真正的涵义，并针对孩子的需要来回答。例如，孩子问："妈妈，你要不要去买菜？"这个问题的真正意思可能是："妈妈，我想跟您一起去买菜。"假如你知道孩子的真正目的，就可以说："要啊！你要不要一起去？"孩子听了必定会很高兴。

对于一些不适合直接同孩子当面说的话题，可采取留纸条、写信、向孩子推荐一篇文章、一本好书等方式进行沟通。总之，家长间接式的变通做法，既可以表达自己的想法，又对可以让孩子比较容易接受你给出的答案。

第八章

销售聊天万能公式

预约客户时，怎么说才能提升成功率

🎙 讲话公式

自报家门＋价值呈现＋拉近关系

🎙 错误说法

"亲，下周五店里有优惠活动哦！全场满300减100，期待您的参与。"

"曹小姐您好，我是××公司的××，想邀请您来我们公司参加……"

🎙 话术示范

"张总，我是××公司的××，我遇到了一个技术难题，十分头疼，我请教了很多业内人士，他们一致推荐我向您请教，不知您是否有10分钟的时间，见面指导一下。"

"李总，我是××公司的××，我打电话来，是因为我没有收到贵公司参加会议的确认邮件。我想要确认一下，是否因为我们的工作失误而遗漏了您，因为同行的××公司都会来参加此次交流会。"

在销售中，预约客户是非常关键的一个步骤。一旦销售员争取到拜见客户的机会，销售就成功了一半。如果客户连见面约谈的机会都不给，自然也就谈不上推销。那么，身为销售员，应该怎么邀约才能提高成功的概率呢？这个时候，大家不妨参考一下这个话术公式：自报家门＋价值呈现＋拉近关系。

举个例子，"张总，您好，我是××公司的客户经理××，最近受油价的影响，导致运输成本直线上升。对此我头疼不已。上次在物流峰会上，我曾经听过您的演讲，收获很大，我们也和您短暂交流过，不知道您还有印象吗？我们公司在行业里面算是龙头企业，我最近在成本控制方面有一些新的想法，想跟您当面交流一下。您看您什么时候有时间，下周一或下周二，可以吗？"

在上面这个案例中，姓名职业是自报家门，物流峰会交流是销售员有意拉近关系，成本控制方面的想法属于价值呈现。三套组合拳打下来，很容易获得客户的信赖，客户邀约的概率也大大提升。

当然，销售员在约见客户时，不一定非要运用这个公式。通常来说，不同的客户有不同的心理需求，所以我们需要根据具体的情况，来选择不同的事由。下面我们为大家介绍几种预约客户常用的方法：

第一，利益预约法。

这是销售员通过简要说明产品的利益，引起客户的注意和兴趣从而转入面谈的预约方法。利益预约法的主要方式是陈述和提问，告诉购买者产品给其带来的好处。比如，一位文具销售员说："我们厂生产的各类账册、簿记，比其他厂家生产的同类产品便宜三成，量大还可优惠。"

这种利益预约法迎合了大多数客户的求利心态，突出了销售重点和产品优势，有助于迅速达到预约客户的目的。

第二，问题预约法。

直接向客户提问来引起客户的兴趣，从而促使客户集中精力，更好地理解和记忆销售员发出的信息，为激发客户的购买欲望奠定基础。

比如，"黄女士，您好！秋天来了，您的皮肤是不是感觉比夏天时干燥？是否有脱皮现象？告诉您，这是因为气候干燥、气温下降造成的。我想跟您约个时间，看看您的皮肤状况，让您试用一些能补充水分、让皮肤滋润的产品，教您秋季护肤的秘诀！您看什么时间比较方便？这个周三还是周五，或其他时间？（确定时间、地点后，接着说）您能把您的电话告诉我吗？到时我会特别打电话去邀请您的。"

第三，赞美预约法。

销售员利用人们的自尊心和希望他人重视与认可的心理来引起交谈的兴趣。

每个人都喜欢被别人赞美，赞美预约法是销售员利用人们希望赞美自己的愿望来达到预约客户的目的，尤其是女性客户，更适合使用这个方法。

当然，赞美一定要出自真心，而且要讲究技巧。如果方法不当反而会起反作用。在赞美对方时，要恰如其分，切忌虚情假意、无端夸大。

比如，"今天我们来这里，形象最好的就是您，您的微笑让我感到亲切。我是某化妆品公司的美容顾问，您可以来听我讲课，还可以参加护肤和彩妆体验，而且是免费的，您也可以约一些朋友一起来，好吗？您看，下周什么时间最好？周一还是周三？"

第四，求教预约法。

一般来说，人们不会拒绝登门虚心求教的人。销售员在使用此法时应认真策划，把需要请教的问题与自己的销售工作有机地结合起来，以达到约见的目的。

第五，好奇预约法。

一般人们都有好奇心。销售员可以利用动作、语言或其他一些方式引起客户的好奇心，以便吸引客户的兴趣。

第六，馈赠预约法。

销售员可以利用赠送小礼品给客户，来博得客户的好感，进而预约客户。在选择所送礼品之前，销售员要了解客户，投其所好。值得指出的是，销售员赠送礼品不能违背国家法律，不能变相贿赂，尤其不要送高价值的礼品，以免被人指控为行贿。

第七，调查预约法。

销售员可以利用调查的机会预约客户，这种方法隐藏了直接销售产品这一目的，比较容易被客户接受，它也是在实际工作中很容易操作的方法。

比如，"小姐，您好！可以打扰您几分钟吗？我是某某公司的美容顾问，我想请您帮忙做个问卷调查，回答几个问题：（1）您经常感到皮肤干燥发涩吗？（2）您是否经常觉得自己很累？（3）您是否觉得自己的皮肤没有光泽和弹性？如果有机会学习改善以上问题的方法，您愿意抽出一个半小时的时间吗？"

如果客户愿意的话，你可以这样说："非常感谢您的合作，为了表示谢意，我想赠送给您一堂免费的美容课，课上我会教您如何正确地保养皮肤，您还可以免费试用我们的产品。您看，这个星期您什么时间比较方便，周二还是周四？"（进一步确定时间）

如果客户不愿意，则这样说："没有关系，今天非常谢谢您的合作，为了表示感谢，以后我会定期寄一些本公司有关皮肤保养和产品介绍的小册子给您，您是否愿意把您的地址和电话给我呢？"

选择众多时，如何吸引客户的注意力

🎙 讲话公式

找优点 + 表达赞赏 + 请教

🎙 错误说法

"不要挑来挑去了，我这里卖的就是最好的。"

"市面上那些产品有的功能，我们的产品也有。"

🎙 话术示范

"客户就是上帝，但上帝还请别太过分。"

"您的名字取得很有学问，您的父母一定学识渊博。"

随着市场上的商品越来越丰富，竞争越来越激烈，人们的购买眼光也变得非常挑剔，因此说服他们去购买产品的难度也越来越大。尤其是对于销售新手来讲，如果你笨嘴拙舌，不知道如何吸引客户的注意力，那么成交几乎是不可能的事情。

一个经验不足的推销员，挎着一个小包走进了一家公司。进去之后，他径直走到最近的一张办公桌前，低声问道："小姐，财务部在哪里？"对方答道："在斜对面。"过了一会儿，财务部的出纳走进来说："主管，来了个推销验钞机的，要不要？""不要，这种小商贩的东西不可靠。"出纳离开后，推销员又走进了主管的办公室，大概他已经知道是主管不同意购买，于是就踌躇着走到桌边，一时间竟忘了称呼，嗫嚅地说："要不要验钞机，买一个吧。"

他几乎是在用乞求的语气说着。但主管却头也不抬地说："我们不需要，就这样吧。"接下来一直没人理他，过了一会儿，那位推销员自感无趣，最后只好悄悄地退了出去。

看起来，这个推销人员是让人同情的，但我们应该知道的是，市场不相信眼泪，更不会同情弱者。因为这个推销人员的推销口才基本上没有任何技巧可言，平淡的话语很难让人对其商品产生兴趣，因此拒绝他也是在情理之中的。

销售员要想成功地实现销售，一个至关重要的环节就是，要用自己的言谈来吸引客户的注意力，使客户对推销的对象产生兴趣，这样才有可能进而说服客户，并促使其最终做出购买的决定。

销售员应该怎么吸引顾客的注意呢？读完日本推销大师原一平的故事，相信你会大受启发。

在打开推销局面、取得客户的信任上，原一平有着一套独特有效的方法。"先生，您好！""你是谁啊？""我是明治保险公司的原一平，今天我到贵地，有两件事专程请教您这位附近最有名的老板。""附近最有名的老板？""是啊！根据我调查的结果，大伙儿都说这个问题最好请教您。""哦！大伙儿都说是我！真是不敢当，到底什么问题呢？""实不相瞒，就是如何有效地规避税收和风险的事。""站着说话不方便，请进来谈吧！"

就像前面提及的那个推销人员，突然推销未免显得有点唐突，而且很容易招致对方的反感，从而导致顾客的拒绝。如果你先适当地恭维客户一番，再根据自己的推销需要提出相关的问题，就能比较容易地获得对方的好感，随后的推销过程自然也就会顺利很多。

而我们在恭维别人的时候可以套用这个公式：找优点 + 表达赞赏 + 请教。

具体来说，就是先找到客户的特点并进行夸赞，接着表达对客户拥有这方面优点的羡慕之情，最后向客户请教如何才能像他一样培养出这些优点。套用了这个话术模板之后，客户的优越感得到满足，他自然很乐意购买你的产品。

当然，除了恭维的方法之外，我们还可以通过以下两种方式吸引客户的目光：

第一，利用从众效应。

举个例子，在大型商场里，我们经常可以看到一些促销活动，活动期间，摊位被周围的人围得水泄不通。出于从众心理和好奇心理，人们都想走上去凑一凑热闹，这样就为成交提供了可能性。

在利用从众效益吸引客户时，尽量给他们一些实实在在的好处，比如"大牌折扣季来啦！比找国外代购还划算！五折拿下大品牌！"

第二，用幽默的话语逗客户。

人人都喜欢和幽默的人打交道，因为在与之沟通的过程中，身心会感到很舒适放松。同时，幽默的话语也能给客户留下深刻的印象，让他对你刮目相看，这样一来，你才能有机会与他进一步交流。

举个例子，"无论新客，还是回头客，都是我的心头客；无论你早来，还是晚来，我始终相信你会来。""手机一响，别人来的是爱情，我来的是贵人。我今天在、明天在、后天在，天天都在。"这些俏皮话能让人耳目一新，客户瞬间就能注意到你的产品。

主动推销时，如何发现和挖掘客户的需求

🎙 **讲话公式**

提问 + 引导 + 创造

🎙 **错误说法**

"你挑来挑去这么久了，还没选到中意的吗？真啰嗦！你到底喜欢什么呀！"

"我跟你说了这么久，你怎么还是犹豫不决的？"

🎙 **话术示范**

"大姐，您是想买什么地段、什么户型的房子？"

"这个水果含有丰富的维生素，吃了对孕妇的身体好。"

一位大妈走进店内，销售小姐热情地接待："请问您想买点什么？""我想买一个暖气。"

"啊，您是多么幸运啊！我们的暖气质量非常好，而且有丰富的品种可供您选择。有很多人买我们的暖气，让我拿给您看看。您看看这个暖气，它的特点是占用空间小，性能优良，坚固耐用，暖气的加热控制非常严密、热感应强，暖气运作系统是经过科学实验进行设计的，不容易发生漏水、断裂等事故。请您放心使用吧！您若不满意，再看看另一种，这一种暖气是用进口环保材料制作

的……"产品介绍完毕，销售小姐又问："现在您还有什么问题吗？"

"我只有一个问题，这些暖气中，哪一种能持久保温？"老大妈说。

不清楚客户的需求，任何服务和解决方案都是毫无意义的。不能把握客户的需求，特别是关键需求，销售就失去了方向感，你的销售就不可能取得成功。

客户的需求是简单的，也是容易理解的，而找准和挖掘出客户的需求，似乎不太容易。那么怎样才能尽快发现和挖掘客户的购买需求呢？可以采用以下几个步骤：

第一，通过提问了解客户的真实需求。

多问几个为什么，有助于拜访者更快速地找到客户的真实需求，而不是受制于客户的一些表面性陈述。不少企业现在推崇"5WHY方法"，即当客户提出一个要求时，连续问"5个为什么"，这种方法在现实中也是比较实用的。简单地说，就是将客户的真实需求通过"刨根问底"这种方式来发现。

提出更多有价值的问题，从而发现客户真正的需求，以创造更多的销售机会。这样做，不是为了发现客户的想法和感受，而是为了收集信息。随着问题的更换，提问重点逐步升级，销售人员就可以发掘出客户的需求。问出客户的想法、感受和顾虑，这才是销售人员真正需要做的。

逐步提升提问重点的方式大致是这样的，例如，"龙先生，如果我们的商品或服务可以解决刚才讨论过的难题，您是否愿意购买我们的商品并接受我们的服务呢？"

想要逐步提升提问的价值，销售人员必须明确每个问题在需求发现过程中所扮演的不同角色。如销售人员可以问："你们目前面临的最大困难是什么？""你们想利用这类商品达到什么目的？"此时，销售人员已经获得了客户的信任，这时让客户更开放一些，逐步提升提问的重点，能够确定他们潜在的困难、问题和欲望。

试着发掘客户需求的时候，销售人员的职责之一是帮助客户认识到自己的需求。有的客户对你的提问会报以一长串的疑问和顾虑，而有的则会保持沉默不语，后者会使得会谈较难进行下去。这时候，销售人员不能勉强客户去搜寻他们的需求，可以发掘并帮助他们确定需求。如果客户知道别人也有与自己相同的需求，或者已经从你的解决方案中得到满足，他们一般会产生比较积极的回应。例如，让客户知道其他客户都在考虑有关商品的实用性、安全性、质量保证和售后服务等方面的问题，面对诱导，他们常常会发现自己也有同样的需求。这时，你已经成功地发掘了他们的需求。

第二，通过正确引导发现客户需求。

在很多时候，客户并不了解你的产品，或者是一知半解，所以，对于客户提出的各项要求，你必须区别对待，不能一味听从客户的摆布，甚至曲解客户的意图，最终没有满足客户的需求。客户之所以提出那么多"无理"的要求，就是因为他不"懂行"，担心受到销售人员的欺骗，希望通过"刁难"销售人员获得更加真实、全面、有用的信息。此时，你要正确引导客户的需求，才能真正满足客户的需求，同时又让自己的利益最大化。

第三，以客户为主导创造需求。

这已经成为了当代销售的新理念。销售人员关注客户的需求，不只是现实需求，还包括潜在需求。潜在需求是有可能产生的市场需求。现在的销售并不是以产品为中心，而是以客户为中心，以客户为主导，站在客户的角度满足其需求。销售人员还要善于创造客户的需求，在客户不需要产品的情况下转变思维与方式，让客户逐渐产生需要产品的欲望，最终达成购买意向。

见面攀谈时，如何高效介绍产品

🎙️ **讲话公式**

提问客户 + 吸引注意 + 强调卖点

🎙️ **错误说法**

"我觉得这个产品非常好，你看它……"

"我们这个产品是全行业里做得最好的，你要错过它，那损失不可估量。"

🎙️ **话术示范**

"我们店里的这款鞋是一个隐形的增高设计，对于您这种小个子人群十分友好，穿上它您也能变大长腿。"

"您提出的产品质量和售后服务要求，我公司都可以满足您，一方面，我公司产品的特点在于……另一方面，我公司为客户提供了各种各样的服务项目，如……"

在整个推销过程中，如何高效介绍产品，对于销售员而言是一项重大的考验。通常来说，聪明的销售人员了解自己产品的相关知识，掌握产品的使用方法，不论客户问什么都能够给予完美的解释与回答，正因为业务能力突出，所以很容易说服客户做出购买的决定。

第一，通过提问了解客户。

在推销之前，一定要通过询问的方式先把客户的相关情况了解清楚。比如客户所从事的行业、客户的爱好、客户的功绩、客户的家庭情况、客户的习惯等。掌握了这些，向客户推销才能游刃有余，介绍产品时才能根据客户的情况有的放矢，并且让客户感到被尊重，有很多话题可以说，不至于造成尴尬的场面。

第二，吸引对方的注意。

向客户介绍产品时，首先要吸引客户的注意，使他对你的产品产生强烈的兴趣，这样你才有机会展示产品，整个推销过程才能顺利进行。

在向客户介绍产品时，需要考虑这些问题：

1. 我怎么才能引起客户的注意？

2. 我怎么才能证明我的产品独一无二？

3. 我怎么才能让客户产生购买的欲望？

只有客户对你的产品真正产生了兴趣，他才会继续了解下去，而不仅仅只是关注价格，如果客户不断对你提价格的问题，只能表示你没有用产品的价值吸引住他。

第三，强调产品的卖点与性价比。

当客户了解了你的产品，价格必然是进一步关注的问题。销售人员不应该大力强调价格，仅说自己的产品如何便宜，而不注重强调产品的卖点与性价比。

产品可能有很多卖点，有的客户喜欢名牌，有的客户喜欢实惠，有的喜欢方便，有的喜欢好玩。在对自己的产品的定位上，要注意强调产品的性价比，只有这样，才能突出产品的特点。

第四，进行产品示范。

俗话说："百闻不如一见。"在销售过程中，多做示范是必要的。销售人员向客户介绍产品，不但要让客户听到，而且还要让客户看到，甚至还能让客户试验到产品，这样才能加深客户对产品的印象，增加客户对产品的兴趣和信心。

在向客户示范产品的过程中，销售人员要边做示范边问客户的感觉，根据客户的要求，展示出产品的特点，让客户感觉到产品实实在在的品质，从而更容易接受产品。

另外，需要注意的是，无论销售人员多么努力地向客户表明产品的各项优势，可聪明的客户还是会发现，推销的产品在某些方面还是达不到理想要求，这是任何一款产品都不可避免的，因为这世上不存在绝对完美的产品。

如果你的产品达不到客户的要求，可以运用以下两个方法来弱化客户的异议：其一，只提差价。这种方法适用于很多产品的推销。如，"只要多付 1000 元，您就可以享受到纯粹的夏威夷风情"。其二，进行贴近生活的比较。这要求销售人员对自己的产品有较深的理解，并且这种理解符合大多数人的生活习惯。如，"您只要每周少抽一包烟，购买这个产品的钱就出来了"。

和客户应酬时，如何得体拒酒

🎙 讲话公式

静听其言 + 抓切入点 + 诱君入瓮

🎙 错误说法

"不好意思，我酒量差，不能多喝。"

"我的身体重要，还是你的面子重要？"

🎙 话术示范

"只要感情好，能喝多少是多少。我不希望咱们的感情掺和那么多'水分'。"

"张总好，我对酒精过敏。我用茶代替酒，感谢您对我工作的信赖和支持。接下来，让我给大家做好服务和后勤保障，希望大家喝得尽兴。"

作为一个销售员，酒桌应酬是不可避免的事情。在酒桌上我们往往会遇到劝酒的现象，有的客户总喜欢把酒场当战场，想方设法让你多喝几杯，认为不喝到量就是不实在。在这种情况下，你若是不能喝酒，该如何拒酒呢？

喝酒有喝酒的方法，拒酒同样有拒酒的艺术，下面我们为大家介绍一个反守为攻的拒酒方法。

反守为攻，意即先不动声色，静听其言，等待时机，一旦时机成熟，抓住对方言辞中的突破口，以此切入，攻守转换，使对方无法争辩，从而拒酒。

在某公司的年终客户答谢会上，一个"酒仙"客户似醉非醉，侃侃而谈，请两位销售员一人"吹"一瓶。面对"酒仙"言辞上的咄咄逼人，两位销售员中的一人站起来说："我想请教您一个问题，'三人行，必有我师'，这是不是孔子的话？""酒仙"答："是的。"销售员见其已入圈套，便说："既然圣人说'三人行，必有我师'，您又提议要我们两人一起喝，您现在就是我们两位最好的老师，请您先示范一瓶，怎么样？"这突如其来的一击，直逼得"酒仙"束手无策，无言以对，只得解除酒令。

此番拒酒，妙就妙在销售员不动声色、静听其言，然后抓住"酒仙"言辞中的切入点，提出问题，悄悄布下个圈套，诱使其说出（或同意）与自己相似的观点，请君入瓮，随即收拢圈套，以"诺"攻"诺"，反戈一击，达到拒酒的目的。

当然，拒酒的方法和技巧多种多样，大家如果找不到合适的反守为攻的机会，还可以采用以下几种方法拒绝。

第一，满面笑容拒酒，智在以柔克刚。

有不少人发现，相当多的"酒精（久经）考验"的拒酒者，任凭你天花乱坠地劝，他就是笑眯眯地频频举杯而不饮，而且振振有词。

某公司签了一个很大的订单，经理高兴之余请大家一起举杯庆祝。销售员小李也在其中，然而小李平素很少饮酒，且酒量"不堪一击"。酒宴上，客户王总提议和小李单独"意思"一下，小李深知自己酒量的深浅，忙起身，一个劲儿地扮笑脸说圆场话："酒不在多，喝好就行。""咱们感情到位，不喝酒也让人陶醉。""你看我喝得满面红光，全托你的福，实在是……"结果使王总无可奈何。

第二，突出事实拒酒，智在申明情况。

事实胜于雄辩，无懈可击。拒酒时，若能突出事实，申明实际情况，再配上得体的语言，能令劝酒者停止劝酒。

推销员 A 君参加一个酒会，结果遇到久未谋面的客户 B 君，B 君提出要和 A 君痛饮三杯。A 君说："你的厚意我领了，遗憾的是我最近一段时间身体不适，正在吃药，滴酒都不能沾，只好请你多关照。好在来日方长，日后我一定与你一醉方休，好吗？"此言一出，宾客们都纷纷赞许，B 君也只好罢手。

第三，针对后果拒酒，智在前车之鉴。

饮酒当然应是喝好而不喝倒，让客人乘兴而来，尽兴而归。那种不顾实际的劝酒术，说到底，也不过是以把人喝倒为目的，充其量只能说是低级趣味的劝酒术，乃劝酒之大忌。

作为被动者，当酒已经喝到一半量时，应向劝酒者说明情况。如："感谢你对我的一片盛情，我的酒量原本只有三两，今天因喝得格外称心，多贪了几杯，再喝我身体的老毛病就犯了，还望你能体谅。"如此推托以后，就再也不要喝了。这种实实在在的说明后果和隐患的拒酒术，只要劝酒者明白"乐极生悲"的道理，就会见好就收。

第九章

商务谈判万能公式

谈判中如何夺取主动权

🎤 **讲话公式**

扫描式提问 + 深入分析

🎤 **错误说法**

"假如我们能够满足贵公司提出的前两个要求，贵公司必须进一步让利给我们。"

"你们到底是怎么打算的？还有没有合作的诚意？"

🎤 **话术示范**

"您的意思是否是说……"

"您有什么想法？"

"您在货物的质量、价格、运输等方面有什么意见吗？"

在商业谈判中，对方的底价、时限、权限以及最基本的交易条件等内容，均属机密。谁掌握了对方的这些底牌，谁就会赢得谈判的主动权。在博弈的过程中，双方唇枪舌剑，步步为营，都在想方设法让对方做出最大的让步和妥协，而最后的结果不是东风压倒西风，就是西风压倒东风。总之，谁获得主动权，谁就能获取更多的利益。

那么，身为谈判方，我们应该如何赢得谈判的主动权呢？下面我们围绕聚焦深入的方法，为大家介绍一些探知技巧，以此帮助大家夺回主动权。

这个方法的操作核心是，先就某方面的问题作扫描式的提问，在探知对方的隐情之后，再深入把握问题的症结所在。

例如，一笔交易（甲卖乙买）双方谈得都比较满意，但乙还是迟迟不肯签约，甲感到不解，于是他就采用这种方法达到了目的。首先，甲证实了乙的购买意图。在此基础上，甲分别就乙方对甲本人的信誉、对甲的产品质量、包装、交货期、适销期等逐项进行探问。乙的回答表明，上述方面都不存在问题。

最后，甲又问到货款的支付方面，乙表示目前的贷款利率较高。甲得知对方这一症结所在之后，随即深入地从当前市场的销势进行分析，指出乙按照目前的进价成本在市场上销售，即使扣除贷款利率，也还有较大的利润。这一分析得到了乙的肯定，但是乙又担心，销售期太长，利息负担可能过重，这将会影响最终的利润。针对乙的这点隐忧，甲又从风险的大小方面进行分析，并指出，即使那样风险依然很小。在甲的努力下，甲乙双方最终促成了签约。

当然，在谈判过程中，除了使用聚焦深入的打法，还可以采用另外的方式：

第一，火力侦察法。

主动抛出一些带有挑衅性的话题，刺激对方表态，然后再根据对方的反应，判断其虚实。比如，甲买乙卖，甲向乙提出了几种不同的交易品种，并询问这些品种各自的价格。乙一时搞不清楚对方的真实意图，觉得甲这样问，既像是打听行情，又像是在谈交易条件，不敢确定对方是否是个大买主。面对甲的期待，乙心里很矛盾，如果据实回答，万一对方果真是来摸自己底的，那自己岂不被动？但是如果敷衍应付，有可能会错过一笔好的买卖，说不定对方还可能是一位可以长期合作的伙伴呢。

情急之下，乙想：我何不探探对方的虚实呢？于是，他急中生智地说："我的产品货真价实，就怕你贪图便宜。"我们知道，商界中奉行着这样的准则："一分钱一分货""便宜无好货"。乙的回答暗含着对甲的挑衅意味。

除此而外，这个回答的妙处还在于，只要甲一接话，乙就会很容易地把握甲的实力情况。如果甲在乎货的质量，就不在乎高价，回答时的口气也会较大；如果甲在乎货源的紧俏，急于成交，口气就显得较为迫切。在此基础上，乙就很容易确定出自己的方案和策略了。

第二，迂回询问法。

通过迂回，使对方松懈，然后乘其不备，巧妙探得对方的底牌。在主客场谈判中，东道主往往利用自己在主场的优势实施这种技巧。东道主为了探得对方的时限，会极力表现出自己的热情好客，除了将对方的生活安排周到外，还邀请客人参观本地的山水风光，领略风土人情、民俗文化，往往在客人感到十分惬意之时，就会有人提出帮你订购返程机票或车船票。

这时客方往往会随口就将自己的返程日期告诉对方，从而在不知不觉中落入了对方的圈套里。至于对方的时限，他却一无所知，这样，在正式的谈判中，自己受制于他人也就不足为奇了。

第三，示错印证法。

探测方有意通过犯一些错误，比如念错字、用错词语，或把价格报错等种种示错的方法，诱导对方表态，然后探测方再借题发挥，最后达到目的。

例如，在某时装区，当某一位顾客在摊前驻足，并对某件商品多看上几眼时，早已将这一切看在眼里的摊主就会前来搭话说："看得出你是诚心来买的，这件衣服很合你的意，是不是？"察觉到顾客无任何反对意见时，他会继续说："这件衣服标价150元，对你优惠，120 元，要不要？"

如果对方没有表态，他可能又说："你今天身上带的钱可能不多，我也想开个张，按照成本价卖给你，100 元，怎么样？"顾客此时会有些犹豫，摊主又会接着说："好啦，你不要对别人说，我就以 120 元卖给你。"早已留心的顾客往往会迫不及待地说："你刚才不是说卖 100 元吗？怎么又涨了？"

此时，摊主通常会煞有介事地说："是吗？我刚才说这个价了吗？啊，这个价我可没什么利润啦。"稍作停顿，又说，"好吧，就算是我错了，那我也讲个信用，除了你以外，不会再有这个价了，你也不要告诉别人，100 元，你拿去好了！"

话说到此，绝大多数顾客都会成交。这里，摊主假装口误将价格涨了上去，诱使顾客做出反应，巧妙地探测并验证了顾客的购买需求，起到引蛇出洞的效果。在此之后，摊主再将涨上来的价让出去，就会很容易地促成交易。

谈判时，怎么回应才能滴水不漏

🎙 讲话公式

认同对方 + 给出否定的理由

🎙 错误说法

"我们的具体方案是这样的……"

"为了表达合作的诚意，我一定知无不言，言无不尽。"

🎙 话术示范

"是的，你们的顾虑很有道理，不过考虑到……，我们也没有办法。"

"我们正在考虑、推敲……"

"至于……，就看你们怎么看了。"

谈判者在面对必须要回答得问题时，有哪些可以借鉴的技巧？

直率的、否定的"不"，表示无调和余地的态度，应该保留到确实打算这样干的时候才使用。因为这就表示谈判已无回旋的余地。而"是"却有三种用法：一是"不"，二是"也许"，三是真正的"是"。谈判者面对一个直接的问题，他希望给以否定的回答，但为了不冒犯对方，也不给以肯定的许诺，可以用"但是"技巧。

如对方要求缩短交货期，可答称："是的，我也认为交货期稍长了些，但有好几个因素要考虑，如材料的短缺正影响产量的水平，还有计划尚未完全搞好。"回答的肯定部分看起来应该是站在对方的立场上，否定部分旨在指出不能按对方的意愿行事的理由。

最理想的情况是，己方谈判人员用回答的否定部分促使对方采取有利于己方立场的行动，或使对方面临两种选择：或坚持上述立场，或撤回要求。

除了上面介绍的这个话术模板之外，我们在回应别人时还可以采取如下几个策略：

第一，笼统作答。

当对方为了解详细情况而提出具体问题时，己方可以用范围更广的笼统概念回答。如"你们用什么材料的价格指数？"回答："很明显，通货膨胀的影响是我们必须考虑的问题。我们不是要在这方面追求盈利，但我们不愿意亏本。"这样回答就把话题转向提价幅度的一般性问题。

总之，在回答对方的问题时，要模棱两可，不给对方所希望的答复。具体可用下面一类措辞开头："据我理解你的问题，你是要求……"，接着把问题再描述一下，词句稍作改动，然后就重新描述的问题进行回答。不仅避免直接回答问题，而且使己方有时间考虑对策。

第二，回避。

对于对方提出的问题，也可以不直接回答而采取回避的办法。如，"你方能保证在规定的日期前完成吗？"答："让我们来看一下计划，然后告诉你在期末的进展情况，你自己可以看出存在的问题以及我们所保证的宽限余地。"

第三，反提问。

用反提问法来回答问题。如，"你为什么不接受安装期限为20周，而是25周？"己方可作答："我们何不从另一角度看此问题？

你估计 20 周的根据是什么？能否算一下细账，看看你方的设想如何？"

还有一种反提问法是转换辩论方向。如，对方对价格中的运输成本提出质问，乙方可不回答对方提出的问题，而是说："我们可否不谈运输成本，那只是很小的问题。当然你是对价格这一整体感兴趣，你是说它不合理吗？"将问题的焦点引向其他方面。

第四，稻草问题。

所谓"稻草问题"是指问题本身对己方并无价值，且无足轻重。之所以提出，正是准备放弃它，以便为己方创造机会，对对方给予真正的让步做出回报。

因此，己方在最初谈判时提出的各项要求中要包括一个或几个稻草问题，就可以确保有"储备"，以此作为对对方所作让步的补偿。不过，在决定选择什么条件作为稻草问题时，必须用对方的眼光来看问题，既要考虑问题的客观方面，又要考虑问题的主观方面。

谈判陷入僵局，如何化解

🎙 讲话公式

主动退却 + 图谋反击

🎙 错误说法

"我不管你们公司怎么样，反正这个条件我是不会答应的。"

"你们不答应就算了，我们的合作伙伴多得是，不差你们一家。"

"只要你们答应跟我们合作，条件好商量。"

🎙 话术示范

"在前面的谈判中，那么多棘手的问题都解决了，现在就因为这一点点小问题影响咱们的合作，岂不是太可惜了？"

"这个问题谈不拢，实在是太让人头疼了，如果你们一点也不让步，那我们先回去再考虑考虑吧！"

在谈判桌上博弈，双方常常在同一个问题上发生尖锐对立，并且公说公有理，婆说婆有理，双方均无法说服对方，但又都不能接受对方提出的条件，这时谈判就陷入僵局。当双方的谈判陷入僵局时，意志不坚定的一方担心谈判走向失败，便会怀疑自己的判断力，对预先做出的计划也产生动摇，他们甚至为了避免谈判失败，开始迁就对方，结果达成了一个对己不利的协议。其实这样做是错误的。

当谈判陷入僵局时，大家可以采用"三十六计，走为上计"的策略破局。这里的"走"并不是真的要退却、躲避，而是一种谈判的策略和计谋。"走为上"的意思就是说，在不利于己方的条件下，要避免同对方决战。出路有三条，或者投降，或者讲和，或者退却。三条出路相比较，投降意味着彻底失败，讲和意味着胜负各半，而退却则存有转败为胜的机会。因此，在这几种情况下，唯有"走"才是上策，故名"走为上"。不过"走"的意思并不是消极地逃跑，而是有计划地主动退却，然后寻找机会图谋反击。

在谈判活动中，遇到对方攻势猛烈、锐气逼人，如果既不想求和，又不愿意主动妥协，那么最好的策略就是暂时退避三舍，以制造谈判僵局。

在这个时候，如果对方真有合作的诚意，就会寻求适当的途径来重新谈判，主要的途径便是降低自己的谈判标准，谈判的局势也会因此发生明显的变化。实施走为上计的一方就会由被动转为主动，从而达成有利于己方的协议。这就是"走为上"的基本内涵。

当然，在谈判陷入僵局时，我们除了采用"走"的计策之外，还可以尝试下面两种话术技巧：

第一，转移话题法。

在谈判陷入僵局时，可适当转移话题，巧妙地活跃谈判现场的气氛，然后再通过话题的引申而与对方重新探讨达成一致，这样的做法使得双方很容易进行沟通与理解，大家从各自的利益出发，共同努力，最终大概率会达成协议。

举个例子，甲乙两个公司因为某个问题产生分歧，导致谈判一度陷入僵局，甲方代表扔下一句"对于这些条件，我们没有任何商量的余地"就准备动身离开了。

眼看合作要打水漂，乙方代表赶紧开口说："大家都讨论了一上午了，肚子早已饿坏了吧！我听说这儿新开了一家餐馆，他们做出来的鲑鱼味道一绝，要不，咱们先去尝尝吧，吃完饭再说这个问题。"谈判双方此时饥肠辘辘，于是采纳了乙方代表的建议，一起就餐去了，这样一来，僵局得以缓解，合作的可能性也再次被保留下来。后续他们可以在氛围融洽的时候，再次在谈判桌上讨论这个问题，此时成功的概率会进一步提升。

第二，声东击西。

声东击西是用兵打仗中常用的一种作战谋略。其主要作用是以假相造成敌人的错觉，伪装攻击的目标，用灵活机智的军事行动打击敌人的要害。

在谈判中，声东击西的谈判技巧表现为故作姿态，制造假相，借以迷惑对方，或者转移对方的注意力，在无关紧要的条款或者事项中纠缠不休，暗地里却把自己的注意力放在重要的问题上。

在不涉及自己利益的问题上大做文章，背后却在需要争取的问题或者利益上加大努力的砝码。在谈判中着重争取利益，不放弃而示之以放弃，欲放弃而示之以不放弃，以分散对方对自己谈判目标的注意力，在不知不觉中顺利达成自己的谈判目标，取得谈判的胜利。

怎么样谈判才能获得双赢

🎙 **讲话公式**

申明价值 + 创造价值 + 克服障碍

🎙 **错误说法**

"贵公司的报价太高了，我们绝对不可能同意，如果降不下来，我们就找别人合作。"

"对于张总提的这个问题，我……不太清楚。(脸红心跳)"

"一分价钱，一分货。"

"这种问题你去问厂家，我们只负责销售。"

🎙 **话术示范**

"我们希望在合同中包括退货和维修的条款，以此确保我们的利益。"

"我们对长期合作很感兴趣，可以给贵公司提供一些额外的优惠条件。"

在生意场上，谈判的双方毕竟不是敌对的关系，但也并不是不存在利益的冲突和矛盾。

为了维护各自的利益，大家很容易在你争我夺中，陷入难以自拔的境地，到最后要么谈判陷入僵局，要么在达成协议后双方都觉得自己的目标没有达到，或者总有吃亏的感觉。

那么如何才能在谈判中做到双赢呢？其实要想达成这个目标，谈判双方需要遵守一定的谈判原则，掌握相关的谈判技巧。通常来说，双赢的商业谈判一般分为三个阶段：

第一阶段：申明价值。

此阶段为谈判的初级阶段。谈判双方彼此应充分沟通各自的利益需要，申明能够满足对方需要的方法与优势所在。生意人在此阶段的关键步骤是弄清对方的真正需求，因此其主要的技巧就是多向对方提出问题，探询对方的实际需要。

与此同时，也要根据情况申明己方的利益所在。因为你越了解对方真正的实际需求，越清楚如何才能满足对方的要求；同时对方知道了你的利益所在，才能满足你的要求。那种在谈判过程中迷惑对方，让对方不知道你的真正要求和利益所在，甚至想方设法误导对方，生怕对方知道了你的底细后会向你漫天要价的做法，最终会使你自己吃亏。

第二阶段：创造价值。

此阶段为谈判的中级阶段。谈判的双方彼此沟通，往往申明了各自的利益所在，了解了对方的实际需要。但是，以此达成的协议并不一定对双方都是利益最大化的，因为利益在此往往并不能有效地达到平衡。即使达到了平衡，此协议也可能并不是最佳方案。因此，谈判中双方需要想方设法去寻求更佳的方案，为谈判各方找到最大的利益，这一步骤就是创造价值。

这一阶段往往是商务谈判最容易忽略的阶段。一般的商务谈判很少有谈判者能从全局的角度出发去充分比较与衡量最佳的解决方案，也就使得谈判者往往总觉得谈判结果不尽人意，没有能够达到"赢"的感觉，或者总有一点遗憾。所以，采取什么样的方法使谈判双方达到利益最大化，就显得非常重要。

第三阶段：克服障碍。

此阶段往往是谈判的攻坚阶段。谈判的障碍一般来自两个方面：一方面是谈判双方彼此利益存在冲突；另一方面是谈判者自身在决策程序上存在障碍。前一种障碍是需要双方按照公平合理的客观原则来协调利益；后者需要谈判无障碍的一方主动去帮助另一方顺利决策。

如果你要想在谈判中达到双赢的结果，就必须牢记以上的谈判步骤，并有效地遵循适当的方法，这样就能够使双方利益都最大化，从而达到双赢的谈判结果。

最后，还要提醒大家，商务谈判应该讲究效率，因为高效率的谈判才能为双方争取到更多选择的方案。如果大家不注重效率，一味地在谈判中争辩，那么在消耗时间的同时，无疑也增加了双方的心理压力，最后大家没有多余的精力拓展更多的商业时机。因此，商业谈判切忌拖泥带水，否则很难促成双方的双赢。

谈判失败，如何补救

🎤 讲话公式

外究 + 内省

🎤 错误说法

"谈判失败，都是客户的问题，价格都给他们打'骨折'了，还不满意。"

"谈判失败也无所谓，反正合作对象不止他们一家。"

"很遗憾，我们谁也没办法说服谁，看来没有合作的缘分了。"

🎤 话术示范

"这次出台的优惠政策比较特殊，必须当面谈，才能让您充分了解……"

"我们公司刚刚上市了新品眼影，眼影盒都是限量版的。您看看要不要代购一部分……"

谈判就是一场心理的博弈。双方战斗到最后，有可能成为利益共同体，都赚得盆满钵满；也有可能谈判失败，最后抱憾离场。面对谈判败局，一些有智慧的人依旧能死中求生、败中求胜，化不利为有利。而他们的转换之道，关键在于"外究内省"。

所谓"外究"，就是探讨成交失败的外部原因。具体来说，就是在某些限度内，你可以根据顾客需求，做适当的调整。

所谓"内省"，是指自我检讨谈判中出现了哪些过失，以致成交失败。成交失败必有原因，检讨失败原因，吸取教训，有益于今后的成功。

通常来讲，针对整个商谈过程，我们可以做如下几个方面的检讨：

是否准确地了解和掌握了客户的需求和购买动机，在推销过程中运用的诉求与客户的需求和购买动机是否一致？

接近客户时是否能引起客户"注意"并做出决策？

面谈时能否激发了客户的购买欲望？

当客户提出异议时，自己是否运用了转化技巧予以妥当化解，并加深对自身、企业及产品建议的信心？

在成交阶段，是否熟练运用了各种成交策略和技巧，引导客户立即成交？

个人的态度、仪表、风范，表现得是否恰如其分？

诸如此类问题，我们都须一一加以反省，如有不当，就要尽快设法改正或补救，以利成交。

当然，在成交失败之后，我们不光要进行自我检讨，还要采用以下几点跟进策略，努力转败为胜。

第一，重新评估客户。

评估内容包括重新估计客户的购买动机、客户购买行为的再探讨、准客户条件的再审查、顾客拒买理由的再分析等。尤其最后一项，更须彻底明断。

在评估中，如果发现客户对推销建议的兴趣并不因成交失败而稍减，而是希望在某些障碍（如交货期、包装、付款条件等）消除后再作商谈。那么，你亦可考虑继续进行回访，设法突破障碍，实现成交。

第二，合理计时。

这是指你在跟进回访时，回访次数的多少和每次回访时间的长短分配而言。

这个问题可从两方面评估：一是所推销产品的性质；二是特定产业常被接受的访问比率。

某些产品结构简单、价值低，经过一两次面谈就能成交，而且每次所谈时间并不长。但有些产品结构复杂，价格也高，必须经过多次长时间的洽谈、报价、建议、修正等，才能完成交易。前者跟进回访的次数少，时间亦短，而后者则需经过长期多次跟进回访，才能见成效。

第三，更新策略。

你既然因成交失利而跟进回访，就表示原来所采用的推销策略和技巧有不妥或值得商榷之处，必须改弦易辙，另行设法，用新资料或新诉求对客户进行试探。你在跟进回访时，若依然陈腔旧调，必然难以引起客户的注意和兴趣。

在回访的过程中，倘若你依然不能使客户对商品产生兴趣，不妨提出小量试用、部分代购的建议（假定商品能分割），先行建立前卫据点。这是一种试图让客户亲身试验产品的有效方法，此方法胜过任何口舌说明。有些人就是在客户先接受试用、试销之后才成交的。